나의 내면을 채워주는
어휘 수업

나의 내면을 채워주는 어휘 수업
품격 있는 대화를 위한 말 공부

ⓒ 박재용 2025

초판 발행 2025년 11월 21일

지은이	박재용
펴낸이	고진
디자인	육일구디자인
마케팅	김학홍
펴낸곳	(주)북루덴스
출판등록	2021년 3월 19일 제2021-000084호
주소	서울시 중구 을지로 새 특 4-2호
전자우편	bookludens@naver.com
전화번호	02-3144-2706
팩스	0503-8379-4876

ISBN 979-11-986790-8-6 03700

이 책의 판권은 지은이와 (주)북루덴스에 있습니다.
이 책 내용의 전부 또는 일부를 재사용하려면 반드시 양측의 서면 동의를 받아야 합니다.

이 도서는 2025년 문화체육관광부의 '중소출판사 성장부문 제작지원' 사업의 지원을 받아 제작되었습니다.

품격 있는 대화를 위한 말 공부

나의 내면을 채워주는 어휘 수업

박재용 지음

그리스어
라틴어편

북루덴스

일러두기

이 글에서 라틴어, 그리스어라 지칭하는 것은 모두 고대 라틴어와 고대 그리스어다.
이 책에 나오는 모든 그리스어와 라틴어에 대해 원어와 그 유래를 적지 않았다.
중요한 개념, 내가 드러내고자 하는 의도의 선상에 있는 단어들에 대해서만 선택적으로 원어와 어원을 드러낸다.
나머지 단어에 대해선 본문은 한글 발음만 쓴다.
하지만 본문에 나온 모든 그리스어와 라틴어는 각 글 꼭지가 끝나는 부분에 한글 발음과 원어, 뜻을 순서대로 나열했다.
라틴어와 그리스어 외의 현대 영어나 기타 유럽 언어 중 원래 의도와 무관한 단어들은 한글 발음으로 썼다.

프롤로그

언어가 내 삶을 바꿀 때

우리는 매일 수많은 말을 듣고, 말합니다.

그 말들은 단순한 소리가 아니라, 나를 구성하고 세계를 해석하는 틀이지요.

어떤 말은 나를 단단하게 세우고, 어떤 말은 나를 흔들며 새로운 문을 열어줍니다.

때로는 한 단어가 내 안의 상처를 치유하고, 때로는 잊고 있던 나의 중심을 되살립니다.

이 책은 '어휘'라는 인문의 세계 속에서 나를 발견하는 언어 수업입니다.

그리스어와 라틴어에서 온 단어들은 단지 오래된 말이 아닙니다.
그 말들은 인간이 스스로를 이해하고, 신과 자연, 타인과 세계를 탐구하기 위해 만들어 낸 지적 유산이자 마음의 그림입니다.
'프쉬케'는 영혼을 뜻하지만, 그 안에는 '숨', '생명', '정신'이라는 의미가 함께 숨 쉬고 있습니다.
'로고스'는 단순히 이성이 아니라, 말하고 생각하며, 세상을 질서 있게 이해하려는 인간의 욕망을 담고 있지요.
'도그마', '코스모스', '우로보로스' 같은 단어들은 우리가 지금도 사용하는 말 속에서 여전히 살아 있습니다.

이 책은 나를 다시 세우는 책입니다.
어휘 하나하나를 통해 내면의 질서를 다지고,
세계와 관계를 이해하며,
끝내 나 자신을 튼튼히 다지는 언어의 여정을 담았습니다.

말이 변하면 생각이 변하고, 생각이 변하면 세계가 달라집니다.
우리가 사용하는 말의 품격은 곧 나의 품격입니다.
『나의 내면을 채워주는 어휘 수업』이 나의 언어를 단단히 세우고,
나의 세계를 따뜻하게 확장하는 작은 책이 되었으면 합니다.

프롤로그 언어가 내 삶을 바꿀 때 · 5

1장 나를 단단히 다지는 내면의 말

- 프쉬케 | 영혼 _ 내 안의 중심 · 12
- 로고스 | 이성 _ 나를 세우는 말 · 18
- 아르케 | 근원 _ 나의 시작을 묻는 질문 · 24
- 아쿠아 | 물 _ 흐름으로 나를 다시 묻다 · 33
- 도그마 | 교리 _ 나를 가두는 말, 나를 해방시키는 생각 · 41

2장 나를 비추는 인문의 말

- 코스모스 | 우주 _ 나의 질서를 세우는 말 · 52
- 유니버숨 | 우주 _ 나를 둘러싼 모든 것 · 61
- 스텔라 | 별 _ 나의 언어로 부르는 별 · 70
- 솔 | 태양신 _ 정복되지 않는 태양 · 78
- 셀레네 | 달 _ 일곱 하늘과 일곱 날의 비밀 · 88

3장 세계를 여는 말

- 라티푼디아 | 대규모 농장 _ 문명이 내린 서로 다른 선택 · 100
- 불카누스 | 불의 신 _ 불의 언어 · 108
- 제피로스 | 서풍 _ 바람이 바꾼 계절, 바람이 남긴 꽃 · 117
- 마레 | 바다 _ 나의 세계를 여는 말 · 125
- 아켈로오스 | 강의 신 _ 강, 경계와 흐름의 언어 · 134

4장 관계를 잇는 말

- 포세이돈 | 바다의 신 _ 흔들림이 남긴 관계의 말 · 146
- 옴팔로스 | 세계의 배꼽 _ 관계의 중심에서 배우는 말 · 154
- 올림포스 | 올림포스산 _ 신의 거처, 중심의 언어 · 163
- 아르고스 | 폴리스 _ 말로 세운 도시 · 172

5장 세계가 끝나며 남기는 말

- 우로보로스 | 순환 _ 끝을 물고 시작하는 세계 · 184
- 팍스 로마나 | 로마의 평화 _ 세계가 무너질 때, 내 안의 세계도 새로운 언어로 나를 부른다 · 193
- 아가페 | 사랑 _ 코린토스가 남긴 사랑의 말 · 201
- 에트루리아 | 문명 _ 사라진 이름, 남은 언어 · 210

글을 마치며 언어의 제국 · 219

1장

나를 단단히 다지는
내면의 말

"내 안의 중심은 흔들리지 않아야 합니다.
별과 우주의 언어 속에서, 나를 지켜주는 단단한 말들…"

내 안의
중심

솔로몬 조셉 솔로몬, 〈프쉬케〉, 캔버스에 유채, 1902

프쉬케 | 영혼

프쉬케ψυχή는 '숨 쉬다ψύχω'라는 동사에서 유래했습니다. 처음에는 단순히 숨, 호흡을 의미했지만 점차 영혼을 뜻하는 말로 확장되었습니다. 그래서 흔히 '영혼'이라고 번역하지요.

그런데 프쉬케에는 또 다른 뜻이 있습니다. 다소 생뚱맞게도 '나비'를 가리킵니다. 그러나 그 이유를 알고 보면 납득이 됩니다. 고대 그리스인들은 나비의 변태 과정을 영혼의 여정에 비유했습니다. 애벌레 단계는 땅에 묶여 있는 물질적 존재, 번데기 단계는 죽음과 같은 휴면기 또는 변환의 시기, 그리고 나비가 날개를 펴 날아오르는 순간은 자유로운 영혼의 해방, 높은 곳을 향한 비상으로 여긴 것이지요. 또 프쉬케의 어원이 '숨 쉬다, 숨'이라는 점에서, 나비의 날갯짓이 마치 호흡처럼 보인다고 생각하기도 했습니다. 그래서 서양 회화에는 영혼을 나비 날개 달린 여인으로 묘사한 작품이 많습니다.

이것은 플라톤이 말한 영혼 해방 과정과도 닮아 있습니다. 플라톤은 육체를 영혼의 감옥, 즉 소마 세마σῶμα σῆμα라 불렀습니다. 육체적 욕망과 감각이 영혼이 진리를 인식하는 것을 방해한다고 보았지요. 그래서 철학적 사유와 수련을 통해 욕망에서 벗어나는 과정이 필요하다고 여겼습니다. 이를 통해 영혼은 육체로부터 점차 독립성을 획득하고 정화카타르시스, κάθαρσις에 이릅니다. 완전한 정화에 도달한 영혼은 전생에 보았던 이데아를 떠올리는데, 이를 상기라고 합니다. 마지막으로 죽음을 통해 육체에서 완전히 해방될 때, 영혼은 순수한 상태로 이데아에 귀환할 수 있다고 보았습니다. 물론 누구나 이 귀환에 이를 수 있는 것은 아니며, 생전에 충분한 철학적 수련을 한 영혼에게만 허락됩니다. 그래서 플라톤은 『파이돈』에서 철학을 "죽음의 연습"이라 부른 것입니다.

하지만 탈레스에게서 프쉬케는 영혼이라기보다 만물을 움직이게 하는 생명력에 가까웠습니다. 자연철학자들의 관심은 크게 두 가지였는데, 하나는 만물의 근원(아르케)이고, 다른 하나는 변화의 이유였습니다. 탈레스의 경우 이 둘이 아직 명확히 구분되지는 않았으나, 잠재적으로 '물'은 만물의 근원이고 '영혼'은 변화의 원리라고 볼 수 있습니다. 만물에 영혼이 있어 움직임이 가능하다고 생각한 것이지요.

프쉬케 개념은 이후 다른 철학자들에 의해 확장됩니다. 플라톤은 프쉬케를 세 부분으로 나눕니다.

- 로기스티콘 – 계산하고 추론하는 이성적 부분. 인간만이 가진 능력.
- 튀모에이데스 – 분노, 용기, 경쟁심 등 '열정'을 담당. 동물과 인간이 공유.
- 에피튀메티콘 – 갈망하고 욕망하는 부분. 생존·번식·식욕·성적 욕구 등 기본적 충동.

아리스토텔레스는 보다 과학적으로 구분했습니다.

- 프쉬케 트렙티케$^{ψυχή\ θρεπτική}$ – 식물의 영혼. 영양분을 흡수하고 성장하는 능력.
- 프쉬케 아이스테티케$^{ψυχή\ αἰσθητική}$ – 동물의 영혼. 외부 세계를 감각하는 능력.
- 프쉬케 로기케$^{ψυχή\ λογική}$ – 인간의 영혼. 추상적 사고와 판단 능력을 가진 이성.

라틴어에서는 프쉬케를 주로 세 단어로 옮겼습니다.

- 애니마^{anima} – 생명, 숨, 영혼.
- 애니무스^{animus} – 정신, 마음, 의지.
- 스피리투스^{spiritus} – 숨결, 영.

애니마에서 파생된 애니마티오^{animatio}는 '생명을 불어넣음'을 뜻하며, 이 말이 현대의 '애니메이션^{animation}'이 되었습니다. 동물^{animal} 역시 같은 어원에서 나왔습니다. 스피리투스는 영어 spirit이 되었고, 여기서 inspire(영감을 주다), inspiration(영감), expire(숨을 거두다), respiration(호흡) 등이 파생되었습니다.

한편, 그리스어에는 프쉬케와 비슷하지만 다른 의미의 프네우마^{πνεῦμα}가 있습니다. '불다, 숨 쉬다'라는 뜻의 동사 프네오^{πνέω}에서 파생된 이 말은 숨결, 영, 정신을 뜻하지만, 철학적으로는 프쉬케와 구분됩니다. 프쉬케가 개인의 영혼이라면, 프네우마는 바람처럼 흐르는 우주적 생명력입니다. 그래서 초기 기독교 성서가 그리스어로 번역될 때, 인간의 영혼은 프쉬케로, 성령은 프네우마 하기온 Πνεῦμα Ἅγιον 으로 번역되었습니다. 라틴어로는 스피리투스 상크투스 Spiritus Sanctus 라 불렸지요. 흥미롭게도 spirit는 증류주라는 뜻도 있는데, 이는 중세의 증류 과정에서 알코올이 증발했다가 다시 응축되는 것을 보고 '영혼이 빠져나갔다가 돌아왔다'고 여겼기 때문입니다.

프네우마는 의학에서도 중요한 개념이었습니다. 히포크라테스는 프네우마를 생명력과 치유력으로 보았고, 호흡과 운동으로 프네우마의 균형을 유지해야 건강하다고 보았습니다. 갈레노스는 프네우마를 세 가지로 구분했습니다.

- 간에서 생성되는 자연적 프네우마
- 심장에서 생성되는 생명적 프네우마
- 뇌에서 생성되는 정신적 프네우마

이 세 가지가 혈관과 신경을 따라 순환한다고 여겼습니다.

오늘날에도 'pneum-'이라는 접두어는 폐렴 pneumonia, 기흉 pneumothorax, 공기역학 pneumatics 등 호흡기·공기와 관련된 의학·공학 용어에 쓰이고, '성령'이나 영적 용어에도 여전히 등장합니다.

프네우마는 현대 사상에도 영향을 미쳤습니다. 개별적 존재로서의 프쉬케와 달리, 프네우마는 모든 존재를 관통하는 생명력으로서 전체론적 세계관을 가능하게 합니다. 숨의 순환처럼 삶은 연결되어 있고, 이 연결이 생태학적 사유와 순환 경제 개념, 그리고 프리초프 카프라의 『생명의 그물』과도 통합니다.

| 기억해야 할 어휘 |

*프쉬케 ψυχή
영혼, 숨, 호흡, 나비.
(어원: ψύχω – 숨 쉬다.)

*소마 세마 σῶμα σῆμα
"육체는 영혼의 감옥"(플라톤).

*애니마 anima
영혼, 생명력, 숨결.
(영어 animation, animal의 어원.)

*애니무스 animus
정신, 마음, 의지.

*스피리투스 spiritus
숨결, 영 → 오늘날 spirit(영혼·기백), spirits(증류주).

*프네우마 πνεῦμα
숨결, 영, 정신, 우주적 생명력.
(어원: πνέω – 불다, 숨 쉬다.)
초기 기독교: 성령 → 프네우마 하기온 "Πνεῦμα Ἅγιον".

| 곱씹을 문장 |

우주는 프네우마를 인간은 프쉬케를 가진다.

Universum Pneuma, Homo Psychen Possidet.

나를
세우는 말

λόγος

로고스의 고대 그리스어 표기, Wikimedia Commons

로고스 | 이성

고대 그리스 철학, 그리고 서양 사상 전체를 관통하는 가장 중요한 개념 몇 가지가 있습니다. 아르케, 프쉬케, 프네우마 등이 그렇지요. 여기에 로고스^{logos}도 빠질 수 없습니다.

가끔 로고스^{logos}가 영어 단어 log(통나무)에서 나왔다고 생각하는 경우가 있지만, 이는 사실이 아닙니다. log는 고대 노르웨이어 lag(쓰러진 나무)에서 온 중세 영어 logg에서 비롯된 말로, 로고스와는 전혀 어원이 다릅니다.

로고스는 그리스어 동사 레게인^{λέγειν}—"말하다, 모으다, 세다"—에서 유래한 단어입니다. 그래서 초기에는 주로 '말, 이야기, 설명'이라는 일상적 의미로 쓰였습니다. 시간이 지나면서 이 뜻은 '이성, 논리'로 확장됩니다. '세다'라는 뜻은 비율·계산으로 발전하기도 했지요.

로고스에 처음 철학적 의미를 부여한 사람은 헤라클레이토스입니다. 그는 이오니아의 도시국가 에페소스 출신 귀족으로, 생애 대부분을 은둔하며 살았고 난해한 단편적 글을 남겨 '어둠의 철학자'라 불렸습니다.

그는 파르메니데스와 대립한 철학자이기도 합니다. 파르메니데스는 "있는 것은 있는 것이고, 없는 것은 없는 것이다. 세상에는 변화가 없다"라고 주장했습니다. 우리가 감각으로 보는 변화는 착각이며, 실재는 언제나 동일하다고 본 것입니다.

그러나 헤라클레이토스는 변화의 철학자였습니다. 그의 유명한 말, "판타 레이 πάντα ρεῖ"— 만물은 흐른다는 것만 봐도 알 수 있습니다. 그는 세상이 끊임없이 변화하고, 대립과 상호작용 속에서 새로운 조화가 생겨난다고 보았습니다. 이 변화의 배후에서 세상을 이끄는 근본 원리, 그것이 바로 로고스였습니다. 그래서 그에게 로고스는 우주의 법칙, 근본 질서로서의 이성입니다.

플라톤 역시 로고스에 주목했습니다. 그는 기본적으로 파르메니데스의 편에 서서 "실재하는 것은 언제나 변치 않는 이데아"라고 주장했습니다. 우리가 감각으로 인식하는 세계는 이데아의 그림자일 뿐이라고 보았지요.

하지만 그에게도 로고스는 중요했습니다. 플라톤은 로고스를 이데아와 현상 세계를 연결하는 합리적 설명으로 보았습니다. 로고스는 이데아를 이해하고 진리를 인식하는 방법이자, 대화를 통해 진리를 탐구하는 과정 디알로고스 διάλογος이기도 했습니다. 또한 선(善)의 이데아를 실천하게 하는 윤리적 능력이기도 했습니다.

즉 헤라클레이토스의 로고스가 우주적 원리라면, 플라톤의 로고스는 인식론적·윤리적 개념이었습니다. 이 사유는 신플라톤주의와 초기 기독교 신학에도 깊은 영향을 미쳤습니다.

플라톤의 로고스 개념을 가장 잘 상징하는 말이 "미네르바의 부엉이는 황혼에 날기 시작한다"일 것입니다.

그리스의 아테나(로마 신화의 미네르바)는 지혜와 이성의 여신, 곧 로고스가 신격화된 모습입니다. 부엉이는 그 상징 동물로, 어둠 속에서도 사물을 구별하는 능력을 가졌습니다. 황혼에 난다는 것은 어떤 사건이나 역사가 거의 끝나갈 무렵에야 그 의미를 이해할 수 있다는 뜻으로, 로고스의 사후적·성찰적 성격을 보여줍니다.

* 아리스토텔레스: 로고스·파토스·에토스

아리스토텔레스는 『수사학^{ῥητορική}』에서 설득을 세 가지로 나누었습니다.

- 로고스^{logos} – 논증과 증거로 설득하기.
- 파토스^{πάθος} – 감정을 움직여 공감으로 설득하기.
- 에토스^{ἦθος} – 화자의 품성과 신뢰로 설득하기.

파토스는 인도유럽어 어근 pei-(해를 입다)에서 유래하여 '고통, 경험, 감정'을 뜻합니다. 고통을 경험한 사람이 타인의 고통에 공감하고, 그 감정을 건드려 설득하는 힘을 파토스라 합니다. 여기서 sympathy(동정), empathy(공감), pathos(비애)가 나왔습니다.

에토스는 인도유럽어 어근 s(w)e-(자기 자신)에서 나와 '성격, 관습, 도덕적 성향'을 뜻합니다. 습관이 형성되는 장소라는 뜻도 있는데, 이는 스스로를 끊임없이 성찰하고 도덕적 품성을 습관처럼 드러내야 한다는 의미와도 맞닿습니다. 오늘날 ethos는 '시대정신'을 뜻하는 말로도 쓰입니다.

결국 아리스토텔레스는 신뢰할 만한 화자가, 청중의 상황과 감정을 이해하고, 논리적으로 해결책을 제시할 때 설득이 완성된다고 보았습니다. 이 체계는 서양 수사학의 기본이 되었고, 오늘날까지 '레토릭'이라는 말이 쓰이는 이유입니다.

*로고스의 현대적 흔적

로고스에서 파생된 단어들은 지금도 우리 언어에 남아 있습니다.

- -logue: dialogue(대화), monologue(독백), prologue(서문), epilogue(결어), catalogue(목록)
- -logy: biology(생물학), psychology(심리학), theology(신학), astrology(점성술), physiology(생리학)

마지막으로, 『요한복음』은 이렇게 시작합니다.
"태초에 말씀이 계셨다. 그 말씀은 하느님과 함께 계셨고, 말씀은 곧 하느님이셨다."(요 1:1)

여기서 말씀은 로고스이며, 로고스는 창조에 참여한 신적 원리이고, 육화된 로고스가 곧 예수입니다. 기독교의 로고스는 플라톤의 인식론적 로고스라기보다, 헤라클레이토스의 우주적 로고스에 더 가깝습니다. 초기 기독교가 필요로 했던 것은 세상을 묶는 보편적 원리였기 때문입니다.

| 기억해야 할 어휘 |

*로고스 λόγος

이성, 논리, 말, 이야기.

(어원: λέγειν – 말하다, 모으다, 세다.)

철학적 의미
- 헤라클레이토스 – 대립과 조화를 낳는 우주의 질서, 변화의 법칙(πάντα ῥεῖ: 만물은 흐른다).
- 플라톤 – 이데아와 감각 세계를 잇는 합리적 설명, 대화(디알로고스)를 통한 진리 탐구, 윤리적 능력.
- 아리스토텔레스 – 설득의 세 요소:
  로고스(논리)·파토스(감정)·에토스(품성·신뢰).

언어적 확장
- -logue: dialogue(대화), monologue(독백), prologue(서문), epilogue(결어), catalogue(목록).
- -logy: biology(생물학), psychology(심리학)⋯
  고대 그리스 θεολογία(신학), ἀστρολογία(천체학) 등 '학學'의 전통.

| 곱씹을 문장 |

태초에 말씀이 있었다.

In Principio Erat Verbum.

나의 시작을
묻는 질문

안토니오 카노바, 〈천문학의 뮤즈 우라니아가 탈레스에게 하늘의 비밀을 알리다〉,
1798–1799, 카노바 박물관

아르케 | 근원

흔히들 고대 그리스에서 철학과 과학이 시작되었다고 합니다. 당시 자연에 대한 탐구는 '자연에 관하여'를 뜻하는 페리 퓌세오스 περὶ φύσεως라는 제목으로 이루어졌습니다. 이후 이러한 탐구는 퓌시케 필로소피아 φυσικὴ φιλοσοφία라고 불리게 되었고, 이것이 라틴어로 번역되어 필로소피아 나투랄리스 philosophia naturalis가 되었습니다. 퓌시케는 '생겨나다, 성장하다'는 뜻의 퓌오 φύω에서 유래한 단어로 '생성되는 것, 스스로 자라나는 것'이라는 의미를 가지고 있지요. 필로소피아는 다들 아시는 것처럼 '사랑하다'라는 뜻의 필레오 φιλῶ와 '지혜'를 뜻하는 소피아 σοφία의 합성어로 '지혜를 사랑함'이라는 뜻입니다. (피타고라스가 처음 사용했다고 전해집니다.) 이 말은 로마에서 필로소피아 나투랄리스 philosophia naturalis가 되었고, 이후 '자연철학'이라는 뜻으로 서양에서 계속 쓰였지요. 자연철학이라는 단어의 생명력은 참 길었습니다. 중세를 지나 르네상스를 관통했고, 과학혁명이 일어나던 17~18세기에도 '과학'이나 '과학자'보다는 '자연철학'이나 '자연철학자'라는 말이 더 자주 사용되었습니다. 자연철학 대신 science(과학)가 대세가 된 것은 19세기 무렵부터였습니다.

또 하나, 고대 그리스의 단어 중 자연사 Natural History도 주목할 만합니다. 고대 그리스에서 자연철학이 자연의 원리와 원인을 탐구하는 이론적·철학적 접근이라면, 자연사는 자연 현상을 관찰·기술·분류하는 실증적 접근을 의미합니다. 자연사라는 개념을 체계화한 것은 로마의 플리니우스의 『나투랄리스 히스토리아』부터입니다. 자연철학처럼 자연사도 꽤 오랜 생명력을 가지고 있지요. 현재도 쓰이니 생명력 자체는 더 강하다고 볼 수도 있겠습니다. '히스토리'가 '역사'이니 번역도 '자연사'가 되었지만, 원래 고대 그리스의 히스토리아^{ἱστορία}는 '탐구', '연구를 통한 지식'이라는 뜻도 있습니다. 아리스토텔레스의 저작 『동물지$^{\text{Περὶ τὰ ζῷα ἱστορίαι}}$』도 직역하면 '동물의 역사'겠지만, 실제로는 '동물들에 관한 연구'라는 의미지요. 현재도 자연사박물관$^{\text{Natural History Museum}}$, 박물학자^{Naturalist} 등에 이 말이 남아 있습니다. 정작 자연의 시간적 변화를 연구하는 영역은 오늘날 지구사$^{\text{Earth History}}$ 같은 용어가 더 많이 사용되지요.

가보진 않았지만, 고대 그리스가 있던 펠로폰네소스 반도는 수많은 해안선으로 둘러싸이고, 높고 낮은 산악지대가 대부분이어서 그중 나은 곳마다 도시국가가 자리 잡은 형태라고 하지요. 그 반도 위쪽 상황도 비슷했고요. 그래서 고전 시대 인구가 늘어나자 난감해집니다. 농사짓는 땅이 넓지 않으니 식량도 감당하기 힘들고, 또 집안에서도 자식들에게 나눠줄 만하지 않았던 거죠. 그래서 장남이 아닌 자식들은 다른 지역으로 떠납니다. 그렇게 그리스인들은 주변에 식민도시를 건설합니다. 당시의 식민지는 지금처럼 본국과 식민지의 지배-피지배 관계라기보다, 어느 정도 관계는 있지만 독립적인 도시국가 형태였지요. (물론 선주민들을 억압하고 쫓아내고 노예로 삼은 점은 같았습니다.) 그중 가장 번성한 곳이 밀레투스, 에페소스, 페르가몬 등의 도시국가가 들어선 에게해 동쪽 소아시아 해안가였습니다. 이들 소아시아 서부 해안가를 이오니아라 부릅니다.

사실 그리스인들에게 에게해 동쪽, 그중에서도 좀 아는 지역은 지금의 튀르키예 정도가 다였습니다. 그래서 그들이 아시아^{Asia}라고 부르던 곳은 현재의 아나톨리아 지역 정도입니다. '아시아'라는 단어의 어원에 대해서는, 청동기 시대 아나톨리아 북서부 일부를 지칭하던 지명 아수와^{Assuwa}에서 유래했다는 설이 가장 유력하지만, 리디아의 '아시아스^{Asias}' 부족 이름에서 유래했다는 주장도 있습니다. 헤로도토스는 프로메테우스의 아내 아시아의 이름을 따서 붙여졌다고 기록했지만, 이는 후대의 신화적 설명일 뿐이라는 것이 중론입니다. 이곳을 소아시아라고 부른 것은 로마 시대입니다. 기원전 2세기경 로마인들이 현재의 아나톨리아 반도를 Asia Minor라고 불렀습니다. 로마제국의 동쪽 국경선이 페르시아와 맞닿으면서 로마인들에게 '아시아'라는 지리 개념이 크게 확장되었고, 원래 '아시아'라 불렀던 곳을 구분하려고 사용한 것이지요.

그중 밀레투스에 살았던, 고대 그리스 7현자 중 맏이인 탈레스가 자연철학의 문을 엽니다. '자연철학'이라는 이름이 붙은 이유는 당시 가장 큰 고민·사유·연구가 세상 만물의 근원은 무엇이며, 변화는 어떤 연유로 이루어지는가였기 때문입니다. 여기서 만물의 근원을 당시 그리스어로 아르케^{αρχή}라고 합니다. 아르케는 고대 그리스 철학에서 대단히 중요한 개념인데, 다층적 의미를 담고 있지요. 우선 '시작, 최초'의 의미가 있습니다. 만물이 처음 시작된 순간이나 상태를 지칭하는 거죠. 또한 존재론적으로 '근원, 본질'이라는 의미로 모든 것의 바탕이 되는 실체를 나타내기도 합니다. 여기에 '다스림, 지배'라는 뜻도 있어 만물을 지배하고 질서 지우는 원리라는 의미도 가집니다. 한발 더 나아가 인식론적으로 '원리, 근거'라는 뜻으로, 우리가 세계를 이해하고 설명할 수 있게 해주는 기초 원리를 의미하기도 합니다.

비슷한 뜻을 가진 단어로 프로토스^{πρῶτος}도 있습니다. 이것 역시 '최초, 처음'을 뜻하지요. 둘의 차이는, 프로토스가 시간적 선후에 쓰이는 반면, 아르케는 더 철학적·본질적 의미를 가리킨다는 데 있습니다. 가령 사람들이 줄을 서 있을 때 프로토스는 그 줄의 맨 앞 사람을 가리키는 말이라면, 아르케는 그 줄이 왜 생겼는지(이유), 줄을 서는 원리, 줄을 통제하는 이가 누구인지를 말할 때 쓰인다고 볼 수 있습니다. 두 단어 모두 프로토-$^{proto-}$와 아르케-/아르키-$^{arch-/arche-}$ 같은 접두어로 많이 쓰이는데, 여기서도 그 차이가 드러납니다. 프로토-의 경우 프로토타입$^{prototype,\ 시제품}$, 프로토콜$^{protocol,\ 규약}$, 프로토조아$^{protozoa,\ 원생동물}$ 등에 쓰이며 주로 '최초의, 원시적인, 기본적인' 의미를 담습니다. 아르케-/아르키-의 경우 아키텍트$^{architect,\ '건축을\ 지배하는\ 사람'에서\ '건축가'}$, 아크비숍$^{archbishop,\ 대주교}$, 아키올로지$^{archaeology,\ 고고학:\ '근원'을\ 탐구하는\ 학}$ 등이 있습니다.

라틴어에서는 두 단어에 대한 대응이 조금 다릅니다. 프로토스는 라틴어 프리무스^{primus}에 해당합니다. 둘 다 원시 인도유럽어 어근 prh_2-에서 파생된 단어라 비슷하지요. 라틴어 primus에서 파생한 단어로는 primary, primitive, prime, principal 등이 있습니다. 아르케는 좀 더 복잡합니다. 의미하는 바가 많았으니까요. '시작, 원리'라는 의미로는 프린키피움^{principium}, '최초의 시작'이라는 의미로는 프리모르디움^{primordium}, '지배력, 통치력'이라는 의미로는 임페리움^{imperium}을 썼습니다. 특히 철학적 맥락에서는 프린키피움을 주로 사용했는데, 여기서 영어 principle(원리, 원칙)이 파생되었지요. 다만 그리스어 접두사 아르키-$^{archi-}$는 라틴어에서도 그대로 사용되었습니다. 아르키텍투스$^{architectus, 건축가}$, 아르키에피스코푸스$^{archiepiscopus, 대주교}$, 아르키마지루스$^{archimagirus, 주방장}$ 같은 경우가 대표적입니다.

그런데 이 단어들에서 파생한 말 가운데, 고대 로마의 황제를 지칭하는 공식 칭호가 둘 있습니다. 하나는 프린켑스^{princeps}로 '제1 시민'이라는 뜻입니다. 황제가 스스로를 시민이라 한 건 이전의 공화정을 존중한다는 의미지요. 그래서 원로원도 그대로 존속시킨 거고요. 하지만 조지 오웰의 『동물농장』에 나오는 "모든 동물은 평등하다. 그러나 어떤 동물은 더 평등하다."라는 문장이 떠오르는 건 왜일까요? 또 하나는 임페라토르^{imperator}입니다. 지배권을 뜻하는 임페리움과 같은 어원인데, '군대에 대한 지배권'을 가진다는 의미로 총사령관을 뜻합니다. 원래 공화정에서 승리를 거둔 장군에게 부하들이 자발적으로 부르던 칭호였죠. 일종의 명예였을 뿐입니다. 그런데 이를 황제의 공식 칭호로 정하면서, 황제가 다른 장군들 위에 있는 상위 권력이며 영구히 군에 대한 지배력을 가진다는 것을 상징하게 됩니다.

이 외에 아우구스투스^{Augustus}는 '존엄한 자'라는 의미로, 최초의 황제 아우구스투스 옥타비아누스의 칭호가 이후 대대로 내려온 것입니다. 또 폰티펙스 막시무스$^{Pontifex\ Maximus}$는 '최고 제사장'이라는 뜻으로 로마의 종교적 최고 권위자임을 나타냅니다. 공화정에서는 원로원 의원 중 한 명이 맡았지요. 그리고 파테르 파트리아에$^{Pater\ Patriae}$는 '국가의 아버지'라는 뜻으로 원로원이 수여하는 명예 칭호입니다. 여기에 트리부니키아 포테스타테$^{Tribunicia\ Potestate,\ 호민관\ 권한\ 보유}$도 붙습니다. 이걸 다 붙여서 부르면, '존엄한 자이며, 최고 제사장이고, 국가의 아버지이며, 호민관이고, 제1 시민이며, 군대 통수권자인 사람'이 황제라는 말이 됩니다. 좋은 건 다 붙인 셈이지요. 결국 이 중 군 통수권을 의미하는 임페라토르가 황제를 뜻하는 영어 emperor로 굳어지게 됩니다. 군대를 동원할 힘을 갖는 것이 황제의 지배력에서 가장 중요하다고 여겼기 때문일까요?

| 기억해야 할 어휘 |

*퓌시스^{φύσις}
스스로 돋고 자라나는 것 → 자연, 본성.
(자연철학 φυσικὴ φιλοσοφία의 어원.)

*페리 퓌세오스$^{περὶ\ φύσεως}$
"자연에 관하여" – 세계의 근원과 원리를 탐구한 고대 그리스 철학서들의 공통 제목.

*히스토리아^{ἱστορία}
탐구·조사로 얻은 지식 → 오늘날의 '역사'뿐 아니라 "연구·관찰 기록"의 뜻.
(아리스토텔레스『동물지』Περὶ τὰ ζῷα ἱστορίαι.)

*아르케^{ἀρχή}
시작, 근원, 본질, 지배의 원리, 근거.
(어원: ἄρχω – 시작하다, 다스리다.)

*프로토스^{πρῶτος}
시간의 맨 앞, 최초의 것.
→ proto- (prototype, protocol.)

*arch-/arche-
근원·우두머리·지배 원리.
→ architect, archaeology, archbishop.

*primus / principium / imperium / primordium
라틴어 '처음'과 '지배'의 뿌리.
→ prime, primary, primitive, principle, emperor, primordium(최초의 싹).

*로마 황제 칭호
princeps(제1 시민), imperator(장군·황제),
Augustus, Pontifex Maximus, Pater Patriae 등 – 권력의 언어적 장식.

*아시아^{Ἀσία}
아나톨리아의 옛 이름, Assuwa 또는 Asias 부족명에서 유래.
→ 로마 시대 Asia Minor(소아시아)로 구분.

| 곱씹을 문장 |

근원을 묻다.

De Origine Quaerere.

흐름으로
나를 다시 묻다

첼시 도자기, 〈4대 원소 의인화 로코코 세트〉, 1760–1769, 인디애나폴리스 미술관

아쿠아 | 물

어쨌든 탈레스는 만물의 근원이자 변화의 원인이 물이라고 생각했지요. 여러 이유가 있었겠습니다만 탈레스가 남긴 저작이 전혀 없고, 탈레스에 대한 인용도 아주 짧아서 지금의 우리가 알 수는 없습니다. 다만 짐작하기로는 세상 어디에나 물이 있기 때문이 아닐까요? 하늘의 구름과 거기서 내리는 비와 눈, 바다, 강과 하천, 땅을 파면 솟아오르는 지하수, 생물의 몸 안에도 체액과 혈액이 들어있죠. 거기다 고대 그리스 사람들은 오케아노스라고 당시 자기들이 살던 세상 주변을 거대한 강 혹은 바다가 감싸고 있다고 여겼거든요. 탈레스도 육지는 물 위에 떠 있다고 생각했습니다. 또 탈레스는 만물에는 영혼이 있다고 주장하지요.

그런데 만물의 근원을 물이라고 한 것이, 그리고 만물에는 영혼이 있다고 한 것이 어떻게 철학과 과학의 시작일 수 있을까요? 너무 단순한 거 아니냐는 생각이 들 수밖에 없지요. 하지만 탈레스의 물과 영혼은 뭐랄까 작지만 큰 시작이었습니다. 탈레스 이전의 그리스는 신화만의 세계였습니다. 헤시오도스가 『신통기』, 테오고니아Θεογονία를 쓴 것이 탈레스로부터 약 100~150년 전의 일이었죠. 그는 왜 『신통기』를 썼을까요? 저는 세계에 대한 설명을 신에게 기대고 있던 당시, 그런 기대일망정 체계적인 설명이 필요하다고 여겼기 때문이 아니었냐고 짐작합니다.

하지만 이런 신화적 세계관으로 만족할 수 없는 사람이 있는 법이죠. 왜 해는 매일 동쪽에서 떠서 서쪽으로 지는가를 헬리오스가 태양을 실은 마차를 타고 하늘을 달리기 때문이고, 천둥과 번개가 치는 건 제우스가 화가 나서 삼지창을 휘두르기 때문이라는 설명에 만족하지 못하는 사람이죠. 이들은 답을 신이 아닌 자연에서 찾고 싶었습니다. 그래서 자연철학자인 것이죠. 이들은 자연 자체에 내재된 원리가 있다고 생각했죠. 그래서 나온 첫 번째 답이 물과 영혼입니다. 물론 첫 번째 답이 딱 맞으면 좋겠지만 그럴 리가 없죠. 그럼에도 누군가 첫발을 디뎠다는 것이 중요하지 않을 리가 없습니다.

탈레스는 만물의 근원을 물이라 했지만 제자 아낙시메네스는 좀 달랐습니다. 그에게 만물의 근원은 물이 아니었습니다. 물은 아무리 변해도 물일 뿐 흙이나 공기, 금속 같은 것이 될 순 없다고 생각한 것이죠. 그는 대신 공기가 근원이라 생각했습니다. 공기가 압축되어 액체나 고체가 된다고 생각했죠. 탈레스의 또 다른 제자 아낙시만드로스는 만물의 근원이 우리 눈에 보이지 않는 아페이론ἄπειρον이라고 주장합니다. 아(ἀ)는 부정을 뜻하는 접두어이고, 페이론은 '끝, 한계'를 뜻합니다. 그래서 우리말로 번역할 때 무한정자無限定者라고 하죠. 헤라클레이토스는 만물의 근원으로 불을 제시하기도 합니다.

그러다 엠페도클레스가 만물의 근원은 하나가 아니라 네 가지 원소라는 주장을 하죠. 물, 불, 흙, 공기였습니다. 그리고 만물의 변화는 이들 속성이 서로 붙기도 하고 떨어지기도 하면서 일어난다고 생각했고, 그 원인은 '사랑'과 '미움'이라 여겼습니다. 아리스토텔레스는 엠페도클레스의 주장을 이어받으면서 조금 더 발전시킵니다.

세상은 물, 불, 흙, 공기라는 네 원소로 이루어지는데 각 원소는 또 고유의 속성을 가지고 있다고 했죠. 물은 무겁고 축축하며, 불은 가볍고 건조하고, 흙은 무겁고 건조하며, 공기는 가볍고 축축하다고 여겼습니다. 이렇게 고대 그리스의 4원소설이 완성되었죠. 사실 과학 작가로서 물, 불, 흙, 공기는 각각 액체, 에너지, 고체, 기체를 상징한다고 읽기도 합니다. 물론 요사이는 이 세 가지 말고도 다른 물질 상태가 있지만 당시로서는 저렇게 생각할 수도 있지 않았을까 합니다. 또 이 네 원소는 대기권, 수권, 지권이라는 지구의 세 가지 영역과 우주를 뜻한다고 독해할 수도 있지요.

그런데 아리스토텔레스에게 있어 이 4원소는 나름의 위계를 가지고 있었습니다. 제일 아래는 흙이고 그 위로 물, 공기, 불이 차례로 있습니다. 천상계에 가장 가까운 곳에 불이 위치하죠. 그리고 이 순서는 나름 등급이기도 합니다. 나중에 다시 이야기하겠지만 불의 속성을 가진 생물을 여타 속성을 가진 생물보다 고등하다고 여기기도 했고요.

　물은 고대 그리스어로 히도르^{ὕδωρ}입니다. 라틴어로는 아쿠아^{aqua}죠. 그런데 후에 물을 분해하면 나오는 기체, 혹은 연소하면 물이 생성되는 기체란 뜻으로 수소도 하이드로젠^{hydrogen}이 됩니다. 그래서 학술용어나 전문용어에서 'hydro'가 붙으면 물 혹은 수소와 관련된 단어가 되지요. 수문학은 hydrology, 수화물은 hydrate, 가수분해는 hydrolysis 이런 식으로요. 아쿠아^{aqua}는 하이드로만큼 전문용어로 쓰지는 않지만 물과 관련된 합성어에는 자주 등장합니다. 수족관은 aquarium, 수로는 aqueduct 이런 식으로요. 아쿠아 자체로도 자주 쓰기도 하고요.

　불은 그리스어로 피르^{πῦρ} 라틴어로는 이그니스^{ignis}입니다. 역시 과학기술 쪽에선 그리스어 피르에서 파생된 용어들이 많지요. 열분해는 'pyrolysis', 고온계는 'pyrometer', 해열제는 'antipyretic', 이런 식이죠. 이그니스는 정화하다^{ignite}에 그 모습이 있습니다.

　흙은 그리스어로 게^{γῆ} 라틴어로는 테라^{terra}라 합니다. 그런데 게나 테라 모두 지구 혹은 땅이란 뜻도 가지고 있지요. 그래서 지질학은 geology, 기하학은 geometry, 지리학은 geography 등으로 씁니다. 역시 테라는 학술용어보다는 일반적인 단어에 자주 쓰입니다. 지형은 terrain, 영토는 territory, '지구의, 육상의'는

terrestrial, 이런 식이죠.

공기는 그리스어로 아에르^{ἀήρ} 라틴어로도 아에르^{aer}입니다. 그래서 구분이 별로 없죠. 현재 영어로 공기인 air도 여기서 파생된 것입니다만 학술용어나 전문용어에는 원래의 모습인 'aero'를 살립니다. 항공우주^{aerospace}, 공기 중의 미세한 입자를 가리키는 에어로졸^{aerosol}, 호기성의^{aerobic}, 항공학^{aeronautics} 등이 원형을 보여주는 예입니다.

| 기억해야 할 어휘 |

*탈레스^{Θαλῆς}
"만물의 근원은 물이다."
→ 신이 아닌 자연에서 세상의 이유를 찾은 최초의 철학자.
*아낙시메네스^{Ἀναξιμένης}
만물의 근원은 공기라 주장.
*아낙시만드로스^{Ἀναξίμανδρος}
만물의 근원은 무한한 것, 아페이론^{ἄπειρον}.
*헤라클레이토스^{Ἡράκλειτος}
만물의 근원은 불, 모든 것은 흐른다$^{πάντα ῥεῖ}$.
*엠페도클레스^{Ἐμπεδοκλῆς}
만물의 근원은 네 가지 원소: 물·불·흙·공기.
변화를 일으키는 힘은 사랑과 미움.
*아리스토텔레스^{Ἀριστοτέλης}
네 가지 원소를 체계화.
물: 무겁고 축축함.
불: 가볍고 건조함.
흙: 무겁고 건조함.
공기: 가볍고 축축함.
*히도르^{ὕδωρ} / 아쿠아^{aqua}
물 → hydrology(수문학), hydrate(수화물), aquarium(수족관), aqueduct(수로).
*피르^{πῦρ} / 이그니스^{ignis}
불 → pyrolysis(열분해), pyrometer(고온계), ignite(불 붙이다).
*게^{γῆ} / 테라^{terra}
흙 → geology(지질학), geography(지리학), terrain(지형), territory(영토).
*아에르^{ἀήρ}
공기 → air, aero- (aerospace, aerosol, aerobic, aeronautics).

| 곱씹을 문장 |

원소로부터 세상이 구성된다.

Ex Elementis Mundus Componitur.

나를 가두는 말,
나를 해방시키는 생각

라파엘로, 〈아테네 학당〉, 1509-1511, 바티칸 사도궁

도그마 | 교리

중세 스콜라 철학이 융성할 때 사람들은 아리스토텔레스를 그냥 철학자$^{Philosophus,\ The\ Philosopher}$라 불렀습니다. 서양에서 알렉산더 대왕을 그냥 the Great라 칭하는 것과 비슷합니다. 따로 이름을 말할 필요도 없다는 것이기도 하지만 그만큼 절대적인 권위와 영향력을 가졌다는 증거이기도 하죠. 그래서 데카르트가 도그마^{Dogma}를 무너뜨려야 한다고 했을 때, 그 도그마는 사실상 아리스토텔레스였죠. 도그마는 원래 '의견, 믿음'이란 의미의 그리스어 도케오(δοκέω)에서 파생된 그리스어 독마^{δόγμα}에서 유래했습니다. 원래는 '의견', '결정된 것'이란 뜻의 중립적 의미였죠. 고대 그리스의 도시국가에서 공식적인 결정이나 법령을 '도그마'라고 불렀고요. 하지만 점차 종교적·철학적 맥락에서 '절대적 진리로 받아들여야 하는 것'으로 발전합니다. 이에는 초기 기독교가 공식적으로 선포한 교리를 '도그마'라 부른 것이 크게 작용했지요. 교조주의^{dogmatism}가 여기서 기원합니다.

이런 아리스토텔레스는 그리스 바로 위쪽 마케도니아 출신입니다. 당시 마케도니아는 지금은 발칸반도, 그때는 하이모니아반도라 불렸던 곳에서 기세를 펼치는 나라였죠. 그러나 그리스에서 보면 그냥 힘 좀 쓰는 촌구석 나라였습니다. 그 마케도니아 왕 주치의 아들이었던 아리스토텔레스는 나름 똑똑한 모습을 보여 그리스의 아카데미아로 유학을 보내줬는데, 아테네에 처음 왔을 때야 그야말로 촌놈 취급을 받았겠죠. 그래도 낭중지추라고 워낙 재능이 있고 또 열심히 하니 나중에는 플라톤으로부터 '아카데미아의 정신'이란 칭찬도 받게 됩니다. 다들 그가 플라톤의 후계자가 될 거라고 믿을 정도였죠. 그러나 플라톤이 사망할 당시 그리스, 특히 아테네는 마케도니아와 전쟁을 준비 중이어서 반 마케도니아 정서가 상당히 컸습니다. 아리스토텔레스는 아끼는 후배 테오프라스토스와 아테네를 떠나기로 결심합니다. 사실 그전부터 아리스토텔레스는 플라톤의 주장을 반박하는 일이 많았고 여러 점에서 결이 다른 모습을 보였습니다. 그러니 그런 사정이 아니더라도 아카데미아를 물려받진 않을 생각이었을 수도 있었겠지요.

어쨌든 아테네를 떠난 후 둘은 2~3년 뒤 테오프라스토스의 고향인 레스보스섬으로 갑니다. 그곳에서 아리스토텔레스의 동물학 연구가 시작되지요. 테오프라스토스와 아리스토텔레스의 관계에 대해 어떤 이는 사제라 여기는데 제가 볼 때는 그렇진 않아 보입니다. 일단 둘의 나이 차가 많질 않고, 테오프라스토스는 이미 아카데미아에서 같이 수학한 동문이죠. 또 레스보스섬 이후 둘은 서로 역할을 분담한 듯한 모습을 보입니다. 아리스토텔레스는 동물을 연구하고 테오프라스토스는 식물과 돌을 연구하죠. 그 결과물로 아리스토텔레스는 여러 권의 동물학 저작을 내놓고, 테오프라스토스는 『식물의 자연사』나 『식물의 원인에 관하여』, 『돌에 관하여』 같은 저작을 남깁니다. 그래서 아리스토텔레스는 동물학의 시조이면서 생물학의 시조로 여겨지고, 테오프라스토스는 식물학의 아버지이자 광물학의 아버지가 되지요.

아리스토텔레스는 레스보스섬에서 몇 년 있다가 다시 마케도니아로 돌아갑니다. 전설의 대왕 알렉산더의 과외선생님이 되죠. 당시 알렉산더는 13살이었는데 아리스토텔레스는 가장 중점적으로 호메로스의 『일리아드』를 가르칩니다. 그리스 영웅들이 소아시아로 쳐들어가서 온갖 고생 끝에 마침내 이기는 이야기죠. 아리스토텔레스가 알렉산더에게 미래의 동방 원정을 꼬신 거라 생각할 수도 있겠습니다. 제왕 교육이었으니 당연히 윤리학과 정치학도 주요 내용이었습니다. 그리고 수사학과 논리학도 주요 부분이었습니다. 그런데 가르친 기간은 고작 3년에 불과합니다. 16살이 된 알렉산더는 아버지가 원정을 가면서 대신 통치를 맡죠. 사실은 섭정을 맡았다고 계속 가르칠 수 없는 건 아니지요. 제 짐작으로는 거대한 제국을 꿈꾸는 알렉산더와 소박한 폴리스 형태를 최고라 생각한 아리스토텔레스의 정치적 견해 차이가 사제 관계를 끝나게 한 건 아닐까 생각합니다. 결국 알렉산더의 머리가 굵어지면 헤어진 것이죠. 물론 나쁘게 헤어진 건 아니었습니다. 마케도니아가 제국으로 성장한 뒤 알렉산더 대왕은 스승 아리스토텔레스를 여러모로 도와주고 후견인 노릇을 했으니까요.

마케도니아가 사실상 그리스를 합병한 코린토스 동맹 결성이 2년 전이었고, 알렉산더가 동방 원정을 떠난 바로 그해 기원전 335년, 아리스토텔레스는 다시 아테네로 돌아옵니다. 그리고 새로운 교육기관인 뤼케이온 Λύκειον을 엽니다. 장소는 아폴론 뤼케이오스 신전 근처 공공 체육관이었고, 학교 이름도 여기서 유래했죠. 아리스토텔레스는 자금도 부족했고 아테네에 근거도 약했으니 사실 알렉산더와 마케도니아의 뒷배가 큰 도움이 되었겠죠. 당시 아카데미아가 고대 그리스 최초의, 그리고 최고의 사설 교육기관이라는 명성을 가지고 있었지만 플라톤 사후 아카데미아는 좀 많이 쪼그라들었고, 제국으로 발돋움하는 마케도니아를 등에 업은 뤼케이온이 아테네, 그리스 전역에서 아카데미아와 함께 가장 권위 있는 교육기관이 됩니다. 당연히 테오프라스토스도 합류합니다. 뤼케이온은 라틴어로는 리세움^{Lyceum}이라 씁니다. 후에 중세에서 현재까지 유럽과 유럽의 영향을 받은 나라에서 주로 중등 교육기관을 리세움 혹은 여기서 파생된 이름으로 부르곤 합니다.

    플라톤과 아리스토텔레스가 달랐던 만큼 뤼케이온도 아카데미아와 사뭇 달랐습니다. '기하학을 모르는 자 들어오지 말라'고 현관에 적을 만큼 수학과 형이상학 중심이었던 아카데미아와는 달리, 논리학, 물리학, 생물학, 형이상학, 윤리학, 정치학, 수사학 등 여러 과목을 가르칩니다. 다 아리스토텔레스가 창안한 학문이죠. 그리고 그만큼 방대한 자료를 수집하고 체계적으로 분류합니다. 당시 서양 최대 규모의 도서관과 표본실을 보유한 박물관이기도 했습니다. 그리고 결정적으로, 학생들과 어울려 뤼케이온의 회랑을 따라 산책하면서 진행하는 토론식 수업이 인기를 끌었습니다. 그래서 흔히 '소요학파'라고도 하지요. 이 수업은 페리파토스^{περίπατος}라고 불렀습니다. 페리는 '주위를'라는 뜻이고, 파토스는

'걷다'는 뜻이죠. 열정을 의미하는 파토스^{πάθος}와는 철자가 다릅니다. 라틴어로는 peripateticus라고 하지요. 현대 영어의 '떠돌아다니는, 순회하는'이란 뜻의 peripatetic가 여기서 유래했지요.

그리고 이들이 산책했던 회랑은 그리스어로 스토아^{στοά}입니다. 헬레니즘 시기에서 전기 로마까지 성행했던 철학 유파로 스토아학파가 있는데, 창시자인 제논이 주로 아테네의 채색 회랑에서 강의를 했기 때문에 붙은 명칭이지요. 스토아는 라틴어로 포르티쿠스^{porticus}라고 합니다. 이 말이 유래가 되어 현대 영어에서 현관 앞의 기둥이 있고 지붕이 있는 공간인 주랑 현관을 portico라고 부르게 되었지요.

아리스토텔레스는 기원전 323년 알렉산더 대왕이 죽고 아테네에 다시 반마케도니아 정서가 고조되자 뤼케이온을 그만두고 아테네를 떠납니다. 테오프라스토스가 뤼케이온의 2대 학두로 후계자가 되지요. 반마케도니아 정서가 고양된 시기임에도 시들시들해진 아카데미아와는 달리, 뤼케이온은 테오프라스토스가 35년간 이끄는 동안 더욱 번성해서 학생 수가 2,000명까지 증가했다고도 하죠. 후계자 잘 키우는 것이 이렇게 중요하지요.

| 기억해야 할 어휘 |

*아리스토텔레스^{Ἀριστοτέλης}
"철학자^{Philosophus}"로 불린 중세 유럽 최고의 철학자.
플라톤의 제자 → 뤼케이온^{Λύκειον} 설립, 소요학파(페리파토스) 창시.
논리학·생물학·정치학·윤리학 등 서양 학문의 기초를 확립.
*플라톤^{Πλάτων}
아카데미아^{Ἀκαδημία}의 설립자, 아리스토텔레스의 스승.
"아카데미아의 정신"이라는 찬사를 아리스토텔레스에게 보냄.
*테오프라스토스^{Θεόφραστος}
아리스토텔레스의 후배·동료.
식물학·광물학 연구의 기초를 세운 학자.
*알렉산더 대왕$^{Alexander\ the\ Great}$
아리스토텔레스의 제자, 동방 원정을 통해 헬레니즘 세계를 확장.
*뤼케이온^{Λύκειον}
아리스토텔레스가 세운 교육기관.
걷고 토론하며 배우는 방식 → 페리파토스^{περίπατος}.
학문과 자료가 집대성된 박물관·도서관 역할.
*도그마^{dogma}
(어원: δοκέω – 생각하다, 믿다.)
원래: 도시국가의 공식 결정·법령.
나중에는: 절대적 진리·교리 → 초기 기독교 신앙 고백의 용어.
오늘날: 고집스럽고 융통성 없는 믿음이라는 뉘앙스.
→사고를 멈추게 할 수도 있지만, 넘어야 할 산이기도 함.

| 곱씹을 문장 |

도그마의 주인이 되다.

Dominus dogmatis fieri.

2장

나를 비추는
인문의 말

"인문학적 시선으로 내 정체성을 밝혀주는 어휘는,
나를 '해석'하게 합니다."

나의 질서를
세우는 말

익명, 〈플라마리옹 목판화〉, 1888, 프랑스, 『대기 현상(L'Atmosphère)』 삽화

코스모스 | 우주

우주에 대한 미 항공우주국^{NASA}의 정의는 다음과 같습니다. "공간과 물질, 에너지, 그리고 시간 자체를 포함하는 모든 것." 브리태니커 백과사전은 다음과 같이 정의합니다. "지구와 인류가 그 일부를 이루는 물질과 에너지의 방대한 총합." 하지만 대부분의 우리가 생각하는 우주는 뭐랄까요, 지구 밖 세상? 태양과 행성들, 은하와 블랙홀 같은 천체가 있는 광대무변한 공간. 어쨌든 우린 지구와 우주를 대립항으로 생각합니다. 지구를 벗어나 우주로 나간다, 뭐 이런 식으로요. 사실 지구도 우주의 부분이니 '지구를 벗어나 우주로 나간다'는 건 부엌을 벗어나 집으로 향한다는 거나 비슷한 표현이라 볼 수 있지만, 아무래도 우리에겐 우주는 지구 밖의 공간, 존재라 여기는 경향이 크지요.

아주 옛날부터 그랬습니다. 고대 그리스 때도 이 세계가 천상계(우주)와 월하계(지구)로 나뉜다고 생각했는데, 우라노스^{ouranós}와 히포우라니오스^{ὑπουράνιος}라고 하지요. 우라노스라면 그리스 신화에 나오는 태초의 신 프로토게노이^{Πρωτογενοι} 중 하나로 제우스의 할아버지뻘인데, 우라노스의 아들 크로노스가 우라노스의 성기를 잘라내고 주신의 자리를 차지하고, 크로노스의 아들 제우스가 다시 크로노스를 축출하고 주신의 자리를 차지합니다. 우라노스와 같은 시기의 신들을 프로토게노이라 하고, 크로노스와 같은 시기의 신들을 티타네스^{Τιτᾶνες}라 합니다. 헤시오도스의 『신통기』에 보면 하늘의 신입니다. 원래 뜻도 하늘이지요. 현재 천왕성의 영어 명칭도 우라노스입니다. 히포우라니오스는 고대 그리스어로 '하늘 아래'라는 뜻입니다. 히포가 '아래'를 의미하지요. 그리스 자연철학자들, 특히 플라톤이 완전하고 신적인 영역을 우라노스라 칭하고, 변화하고 불완전한 물질세계를 히포우라니오스라 칭하면서 서로 대립항인 우주와 지구를 뜻하는 용어가 되었습니다.

아리스토텔레스는 『천체론』에서 이 두 구역을 '위쪽 장소, 호 아노 토포스$^{ὁ\ ἄνω\ τόπος}$'와 '아래쪽 장소, 호 카토 토포스$^{ὁ\ κάτω\ τόπος}$'라 칭합니다. 간혹 '신적인 것들, 타 테이아$^{τὰ\ θεῖα}$'와 '자연적인 것들, 타 퓌시카$^{τὰ\ φυσικά}$'라고 하기도 했습니다. 아리스토텔레스의 세계는 위계적 질서를 이루고 있는 걸 보여주죠.

플라톤과 아리스토텔레스는 지구와 우주의 경계를 달이라 보았습니다. 달 아래쪽은 지구에 속하고, 달부터는 우주에 속하죠. 이런 영향을 받은 중세에는 라틴어로 이를 지칭합니다. 지구 외의 우주를 뜻하는 용어는 중세 후반부터 천구^{天球}, '스페라 셀레스티스'$^{sphaera\ caelestis}$라고 정착합니다. 하늘 혹은 천상을 뜻하는 라틴어 카엘룸^{caelum}과 공·구를 뜻하는 라틴어 스파에라^{sphaera}에서 유래한 단어죠. 하늘을 동그란 구라 여기며 붙인 이름입니다. 이에 대응하는 지구^{地球}, '스페라 테레스트리스'$^{sphaera\ terrestris}$는 천구보다 조금 더 늦게 과학혁명기를 거치면서 등장하지요. 테레스트리스는 지구를 뜻하는 라틴어 테라^{terra}에서 기원한 '지구의', '땅의'

라는 뜻의 단어지요. 그리고 라틴어 '스페라'든 우리말 '구'든 모두 동그란 공 모양을 뜻하는 말인데, 지구가 늦게 등장한 이유는 지동설을 통해 지구 또한 천체의 하나이며 천구에 대응하는 의미로 사용되기 시작한 데 있습니다.

이 용어들은 이후 영어권에서 celestial sphere, terrestrial sphere로 현재까지 쓰고 있습니다. 하지만 현재 우주를 뜻하는 용어로는 아무래도 거의 쓰이지 않지요. 주로 아리스토텔레스 철학이나 우주론을 이야기할 때, 또는 그로부터 파생된 고대 로마 시대나 중세 등의 자연철학과 우주를 대할 때나 주로 쓰죠.

현재 우리가 생각하는 우주는 '지구 대 우주'라는 대립 구조의 우주가 아니라 지구를 포함한 이 세상 전체를 뜻하는 개념이기 때문입니다. 이에 해당하는 영어 단어로는 친숙한 것만 해도 세 가지가 있습니다. 유니버스universe, 스페이스space, 코스모스cosmos가 그것이지요. 이 세 단어는 직접적으로는 고대 로마의 라틴어에서, 그리고 직·간접적으로는 고대 그리스에서 기원하죠. 셋 다 '우주'로 번역하긴 하지만 뉘앙스에서, 또 의미에서 다릅니다.

고대 그리스에서 '우주'를 지칭할 때 가장 자주 사용했던 단어는 코스모스cosmos입니다. 지금은 사실 잘 쓰지 않는 단어지만 칼 세이건의 대표적인 책 『코스모스』로 기억하시는 분은 많을 겁니다. 코스모스는 원래 '질서, 조화' 등을 의미하는 단어였는데, 피타고라스학파에서 우주의 질서정연한 체계를 지칭하는 용어로 사용하면서 '우주'라는 의미로 확장되었습니다. 그들이 생각하는 우주는 조화로운 선율이 울려 퍼지는 질서로 가득한 곳이었죠. 이후 그리스의 자연철학자들은 우주를 대개 코스모스로 지칭합니다.

코스모스라고 하면 많은 사람이 대칭어로 카오스^{Xάos}를 떠올립니다. 혼돈과 질서의 대비죠. 카오스는 헤시오도스의 『신통기$^{Θεογονία, Theogony}$』 중 우주가 창조되는 부분에 나옵니다. "진실로 맨 처음에는 카오스가 생겨났고, 다음으로는 넓은 가슴을 가진 대지(가이아)가 생겨났으며… 대지의 깊은 곳에서는 어두운 타르타로스가… 가장 아름다운 에로스가 생겨났으며… 카오스로부터 에레보스와 녹턴이 나왔고, 녹턴이 에레보스와 사랑의 결합으로 잉태하여 아이테르와 낮을 낳았다…."

원래의 뜻이 '혼돈'인 카오스에서 대지가 생기고 하늘과 저승, 낮과 밤 등이 구분되면서 점차 저마다 있어야 할 자리에 안착하는 모습에서 우리는 코스모스, 즉 '질서가 잡힌 세계'를 보게 됩니다. 카오스는 원래 '벌어지다', '열리다'라는 카이노^{χαίνω}에서 유래하며, 원래 '틈, 간극, 깊은 열린 공간'을 의미하고, 여기서 '심연, 무저갱, 텅 빈 공간, 공허' 등의 공간적 개념으로 사용되었습니다만, 헤시오도스의 『신통기』에서 우주 생성 이전의 원초적 상태를 지칭하는 단어로 쓰이고 점차 '무질서', '혼돈' 등의 의미로 확장되었죠. 정작 『신통기』에는 '코스모스'란 말은 나오지 않습니다만, 이후 사람들이 자연스럽게 카오스와 코스모스의 대립항을 이야기합니다.

　현대 우주론으로 본다면 빅뱅, 혹은 빅뱅의 극초기가 카오스와 비슷하다고도 볼 수 있을 겁니다. 카오스의 원뜻이 '벌어지다, 틈이 생기다'죠. 빅뱅 자체가 가장 근본적인 '벌어짐'이라 볼 수 있지요. 또 빅뱅의 극초기에는 원자도, 원자를 이루는 양성자나 중성자, 전자도 존재하지 않던 시기니까요. 모든 것은 단지 에너지일 뿐이었죠. 그리고 현재 우리가 알고 있는 4개의 기본 힘—중력, 전자기력, 약한 상호작용, 강한 상호작용—이 구분 없이 하나로 뭉뚱그려져 있었죠. 질서란 어떤 의미에서 나눔이라고 볼 수 있을 겁니다. 초기의 에너지는 공간이 넓어지는(벌어지는) 과정에서 전자와 쿼크 등으로 나뉘고, 양성자와 중성자를 만들죠. 또 중력이 가장 먼저 떨어져 나가고, 다시 강한 상호작용이, 마지막으로 약한 상호작용과 전자기력이 나뉩니다. 전자와 양성자, 중성자는 서로 만나고 헤어지는 과정에서 여러 종류의 원자가 되고, 이런 원자들은 다시 모이고 헤어지며 별과 행성, 위성, 혜성과 같은 여러 천체를 만들죠. 이렇게 나뉘는 과정 자체가 일종의 코스모스, 즉 질서가 만들어지는 과정이라 볼 수 있을 겁니다. 고대 그리스의 우주관은 어쩌면 현대 우주론과 맞닿아 있는 측면이 꽤 큽니다.

　그리스의 뒤를 이은 로마에서는 '코스모스'를 그대로 쓰기도 하고, 라틴어에 원래 있던 단어 문두스^{mundus}를 쓰기도 합니다. 문두스는 원래 '깨끗한', '정돈된'이란 뜻을 가진 단어로 코스모스의

'질서 있는, 조화로운'과 비슷한 뉘앙스를 가지고 있습니다. 전반적으로 대부분 문두스를 쓰죠. 로마의 유명한 문인 키케로나 철학자 루크레티우스도 대부분 문두스를 쓰고, '코스모스'는 그리스 문헌을 인용할 때만 사용합니다. 로마의 뒤를 잇는 서양에서도 중세까지는 문두스를 코스모스보다 더 일반적으로 쓴 것은 마찬가지였습니다.

'코스모스'가 다시 등장한 것은 한참 뒤의 일입니다. 르네상스 시기 그리스 고전이 재발견되고 연구되면서 지식인들 사이에서 그리스어를 선호하는 현상이 나타납니다. 특히 아리스토텔레스의 사상이 르네상스 시기 유럽을 지배하면서 그의 우주론에 나오는 '코스모스' 또한 많이 사용됩니다. 그 뒤 16~17세기 과학혁명기에 그리스의 수학적·기하학적 전통이 중시되면서 그리스어 우주 용어들이 더 적극적으로 쓰입니다. 이 과정에서 문두스는 '우주'에서 '세속적 세계'라는 의미로 변합니다. 영어의 mundane(세속적인), antimundane(세속에 반하는)이나 프랑스어·스페인어·이탈리아어 monde, mundo, mondo는 모두 mundus에서 파생된 단어로, 영어의 world와 비슷한 용법으로 씁니다.

| 기억해야 할 어휘 |

*우라노스 οὐρανός
하늘, 그리스 신화의 태초신이자 제우스의 할아버지.
→ 하늘 아래 세계: 히포우라니오스 ὑπουράνιος.

*코스모스 κόσμος
질서, 조화 → 우주 전체를 뜻하는 말로 확장.
(피타고라스 학파: "우주는 질서 정연한 체계.")

*카오스 Χάος
무질서가 아닌 '열린 공간', 아직 아무것도 세워지지 않은 상태.
→ 헤시오도스 『신통기』: "맨 처음에는 카오스가 있었다."

*문두스 mundus
라틴어: 깨끗한, 정돈된 세계 → 세속적 세계를 뜻하게 됨.
→ 영어 mundane(세속적인)의 어원.

*호 아노 토포스 ὁ ἄνω τόπος
"위쪽 장소" → 아리스토텔레스가 말한 완전하고 변치 않는 천상의 영역.

*호 카토 토포스 ὁ κάτω τόπος
"아래쪽 장소" → 변화하고 불완전한 지상의 영역.

*타 테이아 / 타 퓌시카 τὰ θεῖα / τὰ φυσικά
신적인 것들 / 자연적인 것들.

*스페라 셀레스티스 sphaera caelestis
천구, 변치 않는 하늘의 영역.

*스페라 테레스트리스 sphaera terrestris
지구의 구 → 지동설 확립 이후 등장한 개념.

| 곱씹을 문장 |

우주는 신성한 질서로 빛난다.

Cosmos ordine sacro splendet.

나를 둘러싼
모든 것

미국항공우주국(NASA), 〈지구와 달〉, 2007, 미국항공우주국(NASA)

유니버숨 | 우주

현재 우주를 뜻하는 용어로 가장 많이 쓰는 유니버스^{universe}는 라틴어 유니버숨^{Universum}이 기원입니다. '하나의'라는 뜻의 접두어 'uni'와 '향하다'라는 뜻의 'versus'의 합성어로 원뜻은 '하나로 향하는 전체'라는 의미입니다. 나사나 브리태니커의 정의와 가장 가까운 단어로, 코스모스에 비해 더 물리적이고 포괄적인 개념입니다. 고대 그리스에는 유니버스에 정확하게 해당하는 단어는 없습니다. 굳이 들자면 '전체'라는 뜻의 토 판$^{τὸ πᾶν}$이 있습니다만 코스모스처럼 자주 사용되진 않습니다.

유니버숨은 중세 서양에서 문두스보다 우주를 뜻하는 용어로 더 자주 사용됩니다. 신의 창조물로 우주를 보던 당시 '모든 것을 하나로 아우르는'이란 뜻이 '질서'나 '조화'보다 우주를 지칭하는 데 더 적합했던 거죠. 중세의 신학 교육을 통해 유니버숨은 문두스를 누르고 우주를 뜻하는 일반적 단어가 됩니다. 르네상스 시기 문두스를 누르고 코스모스가 더 자주 쓰였지만, 이미 '우주'라는 뜻으로 유니버숨이 워낙 압도적으로 사용되다 보니 유니버숨을 이기지는 못했습니다. 그리고 과학혁명 시기와 계몽주의 시기를 지나며 아리스토텔레스적 세계관에서 벗어난 서양은 더 이상 코스모스를 쓰지 않게 되었지요. 유니버숨은 과학이나 철학 모두에서 우주를 뜻하는 표준 용어가 됩니다.

그런데 '하나로 향하는 전체'라는 뜻의 유니버스가 현대 물리학과 천문학에서 다시 곡절을 겪습니다. 현대 물리학에서는 우리가 살고 있는 이 우주 말고도 다른 우주가 있을 수 있다는 다중우주^{multiverse} 가설을 이야기하죠. 원래는 multiple universe로 시작합니다. 미국의 철학자 윌리엄 제임스가 처음 사용했는데 당시에는 물리학적 의미가 아닌 여러 도덕·심미적 체계를 지칭하는 용어였습니다. 물리학적 의미로는 1960년대 휴 에버렛 3세가 양자역학 다세계 해석에서 본격적으로 사용했지요. 'multi'는 '많은'을 뜻하는 라틴어 물투스^{multus}에서 온 접두어죠. 하나를 뜻하는 uni 대신 많음을 뜻하는 multi가 붙은 다중우주^{multiverse}라니 유니버스와는 완전히 동떨어진 느낌이 들기도 합니다.

사실 다중우주는 하나의 개념이 아닙니다. 우주가 여러 개 있다는 것은 같지만 서로 다른 출발점이고 그 결과도 사뭇 다르지요. 사실 우리가 존재하는 우주는 하나지만 서로 연결되지 못하는 지점이 있다는 측면에서 '여러 우주가 모인 곳'이라 볼 수 있습니다. 빛은 1초에 30만 킬로미터로 달리지요. 이런 빛이 우주가 처음 생겼을 때부터 달렸을 때 닿을 수 있는 최대 거리는 138억 광년입니다. 즉 우주 초기에 138억 광년보다 멀리 있던 곳에서 출발한 빛은 아직 우리에게 닿지 못한다는 뜻입니다. 반대로 우리 주변에서 뻗어나간 빛 또한 그곳에는 가닿지 못합니다. 물론 우주는 처음 생겼을 때부터 끊임없이 팽창을 했기에 실제로는 약 465억 광년 정도의 거리가 됩니다. 마치 100미터 달리기를 시작했는데 결승점에 도착하고 보니 내가 달린 길이 늘어나 300미터쯤 된 것과 비슷하죠. 어쨌든 우리 우주에선 빛보다 빠른 것은 없으니 465억 광년보다 더 먼 곳은 우주가 시작했을 때부터 지금껏 우리와 어떤 상호작용도 하지 못한다는 결과입니다. 앞으로는 어떨까요? 마찬가지입니다. 우주의 팽창 속도는 거리가 멀수록 더 빨라서 저 정도 거리면 팽창 속도를 빛이 따라잡질 못합니다. 이 상태라면 465억 광년 너머의 세계는 영원히 만날 수 없는 거지요. 그래서 하나의 우주 안에 서로 섬처럼 떨어진 여러 우주, 즉 다중우주가 존재하게 되지요. 이런 다중우주는 빅뱅으로부터 생겨난 '하나의' 우주 안의 '여러 우주'입니다.

또 다르게는 양자역학에서 말하는 다중우주도 있지요. '다세계 해석'이라고 합니다. 가령 여러분이 동전을 던진다고 생각해 보죠. 던지기 전에는 앞면이 나올지 뒷면이 나올지 모릅니다. 두 가지 경우가 있지요. 실제로 던지면 그중 하나로 결정됩니다. 그런데 다세계 해석에서는 두 결과가 모두 나오는데, 대신 앞면이 나오는 결과가 만든 우주와 뒷면이 나오는 우주가 서로 달리 존재한다는 거죠. 영화나 소설에 나오는 다중우주 혹은 평행우주는 바로 이런 개념입니다. 우주가 태어나서 지금껏 여러 존재가 상호작용을 하면서 무수한 선택의 순간이 있었습니다. 양자역학의 다세계 해석에 따르면 그만큼 무수한 우주가 존재하는 거죠.

초끈 이론도 다중우주를 만듭니다. 초끈 이론은 전자나 쿼크 같은 입자들이 사실은 아주 작은 끈이 진동한 결과라는 주장인데요,

어려운 건 빼고 이야기하자면 우리가 사는 세계가 사실은 3차원이 아니라 10차원이라는 겁니다. 그래서 여기서도 무수히 많은 다중우주가 존재합니다. 가령 3차원 존재인 공이 있다고 생각해 보죠. 이 공을 칼로 자르면 어느 방향으로 자르느냐에 따라 무수히 많은 원이 생깁니다. 마찬가지로 10차원 우주에서 만들어지는 3차원 우주는 무수히 많을 수 있는 거죠.

사실 이런 이야기는 우리에게 그리 중요하지 않을 수도 있습니다. 어떤 종류의 다중우주든 우리는 우리 우주 외의 다른 우주를 만날 방법이 없기 때문이죠. 우주는 그런 의미에서 단 하나, 'uni'verse일 수밖에 없는 거겠지요.

요사이 '우주'라는 뜻의 스페이스^{space}는 많이들 일론 머스크의 스페이스X에서 떠올리지만 사실 미 항공우주국 나사^{NASA}의 S도 스페이스에서 따온 거죠. 미 우주군도 스페이스 포스$^{Space\ Force}$로 쓰고, 우주 정거장은 스페이스 스테이션$^{Space\ Station}$, 우주선은 스페이스크래프트^{Spacecraft}, 우주 왕복선은 스페이스 셔틀$^{Space\ Shuttle}$이라 씁니다. 용례를 보면 딱 이미지가 떠오르지요? 실제 우주 탐사와 관련된 활동이나 기술적 맥락에서는 유니버스 대신 스페이스를 쓰는 거죠. 유니버스가 철학적이고 과학적인 측면이나 우주 전체를 포괄할 때 쓴다면, 스페이스는 공학적·기술적 측면이나 지구 대기권 밖의 물리적 공간을 지칭할 때 주로 쓰는 걸 알 수 있습니다.

어찌 보면 당연합니다. 스페이스의 어원은 라틴어 스파티움 spatium입니다. '거리, 공간'이란 뜻이지요. 고대 로마에서는 우주라는 의미로는 거의 쓰지 않았습니다. 그러다 17세기 무렵 '무한한 영역'으로 의미가 확장되고, 19세기 후반이 되자 '지구 대기권 너머의 영역'이란 뜻이 추가됩니다. 20세기 초에는 '지구 외의 공간'이란 의미에서 outer space라는 용어가 일반화되죠. 그리고 1950년 이후 인공위성을 쏘고, 우주선이 대기권 밖으로 나가면서 스페이스는 '우주'라는 의미가 확고하게 정착합니다.

이 스파티움의 원래 뜻인 '거리, 공간'에 해당하는 그리스어로는 영어 distance의 어원인 디아스테마^{διάστημα}가 있습니다. 하지만 공간으로서의 우주를 뜻하는 스페이스와 비슷한 의미를 지닌 그리스어는 코라^{χώρα}가 제격이겠습니다. 코라는 원래 도시 주변의 영토나 농경지를 뜻하는 일상적인 단어였는데, 플라톤이 『티마이오스』에서 모든 것을 담아내는 공간이자 장소로 코라의 의미를 확장하지요. 플라톤에 따르면 코라는 우주의 모든 존재의 모태입니다. 플라톤의 창조주인 데미우르고스는 이 코라에 질료를 사용해 우주를 만듭니다. 코라 개념은 신플라톤주의로 이어지는데, 이들은 물질과 비물질의 중간 영역으로 설정합니다. 르네상스 시기 신플라톤주의가 서양에 들어오면서 코라 개념도 다시 조명을 받습니다만, 이때는 스파티움을 더 일반적으로 쓰는 상황이었죠. 그래서 코라는 플라톤 철학에 한정되어 쓰이는 단어가 되었습니다.

어쨌든 스파티움, 스페이스는 뉴턴에 의해 다시 '절대 공간'으로 규정됩니다. 그 안에 물질을 담고 있지만 자체로서도 완전한 존재이며, 물질과 물질 사이의 중력에 어떠한 영향도 받지 않는 존재, 또한 물질의 운동을 측정하기 위한 절대적 기준으로 '절대 공간'이 있다는 것이죠. 하지만 뉴턴의 이 절대 공간은 20세기 초 속절없이 허뭅니다. 아인슈타인에 의해서죠. 1905년 아인슈타인의 특수상대성이론은 공간과 시간이 합쳐진 '시공간'을 만듭니다. 문명이 탄생한 이래 시간과 공간은 서로 어떤 관련도 없는 개념이었는데 말이죠. 이 둘을 엮는 것은 빛입니다. 빛은 물질이라기보다는 에너지로 여겨졌지만 어쨌든 우주라는 공간 안의 존재였는데, 이제 빛은 시간과 공간을 엮는 기준이 되어 버리죠. 그리고 다시 10년 뒤 아인슈타인의 일반상대성이론은 시공간의 절대성을 다시 훼손합니다. 시공간은 엮여진 채로 물질과 에너지에 반응합니다. 물질과 에너지의 밀도는 시공간을 휘게 하고, 시공간의 휜 정도는 물질과 에너지의 방향을 틉니다.

고대 그리스에서부터 시작된 '존재를 담는 모태'로서의 공간은 그저 관조하는 존재, 변함이 없는 존재라 여겼는데 이제는 내부의 물질과 끊임없이 상호작용하는 존재가 되었습니다. 하지만 스페이스, 공간으로서의 우주는 또 다른 곡절을 겪게 됩니다. 이 역시 시작은 아인슈타인의 상대성이론입니다. 그에 따르면 우주를 담는 존재인 공간은 그 자체로 늘어나거나 줄어들 수 있다는 겁니다. 앞서 이야기한 빅뱅이론이 여기서 탄생합니다. 우리가 보는 우주는 끊임없이 팽창하고 있죠. 그렇다면 시간을 되돌려 과거로 가면 우주는 끊임없이 줄어들겠죠. 연구에 따르면 우주는 지금으로부터 138억 년 전에 태어났습니다. 태어난 이래로 한 번도 멈추지 않고 공간 자체가 끊임없이 늘어나서 현재 우리가 보는 우주 모습이 되었지요.

여러 가설이 있지만 가장 많은 지지를 받는 이론은 우주는 끊임없이 확장할 거란 겁니다. 공간 확장의 주범은 공간 자체입니다. 공간은 암흑에너지를 가집니다. 암흑에너지는 공간의 크기에 비례하는 데다 '음의 중력', 즉 밀어내는 중력을 가집니다. 결국 공간이 확장되면 암흑에너지가 늘어나고, 암흑에너지가 늘어나면 더 큰 힘으로 공간을 늘립니다.

멀리 있으면 멀수록 별빛은 흐려지지요. 먼 훗날 우리는 '우리 은하' 밖에는 아무것도 보이지 않는 우주를 가지게 될 겁니다. 우주의 본질은 그런 의미에서 외로움의 확장이라고도 볼 수 있겠지요.

| 기억해야 할 어휘 |

*유니버스 universe
라틴어 Universum → unus(하나) + versus(…으로 향하다).
"하나로 모아진 전체", "모두가 하나로 향한 것" → 오늘날 '우주'의 보편적 표현.

*토 판 tò πᾶν
전체, 만물 → 고대 그리스에서 '우주'에 가장 가까운 표현.

*코스모스 κόσμος
질서, 조화 → 우주를 질서 정연한 체계로 보는 개념.
(피타고라스학파: "우주는 음악처럼 조화롭게 울린다.")

*문두스 mundus
라틴어: 깨끗하고 정돈된 세계 → 후대에 세속적 세계, 영어 mundane(세속적)의 어원.

*멀티버스 Multiverse
라틴어 multus(많은) + versus.
"여러 개의 우주" →
관측 불가한 우주 영역들.

*스페이스 Space
라틴어 spatium(거리, 공간) → 무한한 영역, 지구 밖 영역.

*코라 χώρα
플라톤 『티마이오스』의 개념.
우주의 모든 것을 담는 그릇, 생성과 소멸을 품는 장소.

| 곱씹을 문장 |

> 우주 안에서 모든 것은 하나를 향해 나아간다.
>
> In universum omnia ad unum tendunt.

나의 언어로
부르는 별

미국항공우주국(NASA)·유럽우주국(ESA), 〈NGC 602 성단과 성운〉, 2007, 허블 우주망원경

스텔라 | 별

맑은 날 밤이라도 서울에선 볼 수 있는 별은 수십 개도 되지 않습니다. 빛공해 때문이죠. 지상의 빛에 천상의 빛이 묻혔다고나 할까요? 이래선 옛사람들이 얼마나 많은 별을 볼 수 있었는지 상상하기 힘들죠. 가능하다면 태백시나 서해의 외딴섬에서 하루 묵으며 밤하늘을 보시길 권합니다. 그냥 밤하늘 보는 것만으로도 1박 2일의 여행을 나설 이유가 있을 정도죠. 사실 100여 년 전만 하더라도 지구 인류의 대부분은 그렇게 별이 가득한 하늘을 보았습니다.

사실 '별'은 정확한 표현이 아니죠. 우리가 밤하늘에서 보는 건 '천체'라 부르죠. 항성, 행성, 위성, 은하 등을 모두 포함한 단어로, 사전적 정의로는 '관측 가능한 우주 내에 존재하는 자연적으로 만들어진 물리적 실체'입니다. 고대 그리스에서는 우라니온 소마 οὐράνιον σῶμα, 직역하면 '하늘의 물체'라 했습니다. 우라니오스는 '하늘의'란 의미고, 소마는 '물체'를 뜻하죠. 라틴어로는 카엘레스티아 caelestia 혹은 코르푸스 카엘레스테 corpus caeleste라고 했지요. 카엘레스티아는 복수형으로 역시 '하늘의 것들'이란 뜻이고, 코르푸스 카엘레스테는 단수형으로 '하늘의 것'이란 뜻이었습니다. 코르푸스는 라틴어로 '몸체, 물체'란 뜻인데, 카엘레스티아라는 복수형에는 이미 그 의미가 포함되어 있어 생략이 가능합니다. 현대 영어와 프랑스어에서 각각 celestial body, corps céleste라 하는 것과 같은 맥락이라고 볼 수 있지요.

하지만 망원경도 없던 시절, 항성과 행성, 위성, 은하를 구분할 수 있을 리가 없습니다. 그저 태양과 달 정도만 구분하고 나머진 모두 별이었죠. 그러다가 몇몇 천체가 다른 천체들과 다른 점을 발견합니다. 빛이나 모양, 크기가 아니라 궤적이 달랐지요. 일반적으로 하늘의 천체는 1년을 기준으로 계속 동쪽으로 이동합니다. 오늘 밤 자정에 본 시리우스는 내일 조금 오른쪽에 뜹니다. 그래서 1년이 지나면 원래 뜨는 자리로 돌아오죠. 물론 별이 움직이는 게 아니라 지구가 태양을 공전하기 때문이라는 건 한참 뒤에나 알게 되었지만요.

그런데 몇몇 천체는 가끔 서쪽으로 이동하기도 하고, 며칠씩 제자리에 머물기도 하는 이상한 모습을 보입니다. 많지는 않았지요. 이런 천체를 '행성'이라 불렀습니다. '움직이는 별'이란 뜻이고, 순 우리말로는 '떠돌이별'이라 했지요. 고대 그리스어로는 플라네테스$^{πλανήτης \ [planētēs]}$라 했는데, '방랑자'를 뜻하는 플라네스^{πλάνης}에서 연유한 단어죠. 현대 영어 '행성^{planet}'의 어원이기도 합니다. 라틴어로는 그리스어에서 온 플라네타^{planeta}를 쓰거나 '스텔라 에란스$^{Stella \ errans, \ 움직이는 \ 별}$'라 했고요. errans는 '떠도는, 방황하는'이란 뜻의 현재분사입니다. 사실 한자어인 '행성'보다는 순우리말 '떠돌이별'이 그리스어의 플라네테스와 더 어울린다고 볼 수 있습니다. 항성이라는 것이 '항상 제자리에 있는' 게 아니라 일정한 궤도를 따라 움직이는 천체라 할 때, 행성은 그런 정해진 궤도가 아니라 자기 멋대로 움직이는 별이란 뜻에서 '방랑자'라는 단어를 쓴 거니까요.

이 플라네테스 또는 플라네스를 어원으로 삼는 것 중 특이한 것은 '플라나리아'입니다. 이 편형동물 이름도 '떠돌아다닌다'는 의미의 그리스어에서 기원했습니다. 또 점성술에서 유래한 표현으로 'planet-struck'은 행성의 영향을 받아 멍한 상태를 의미합니다.

그러면 '별'은 왜 '붙박이별' 혹은 '항성'이란 이름이 붙었을까요? 정해진 궤도일망정 매일 조금씩 이동하는데 말이죠. 고대 그리스의 자연철학자들은 별이 직접 우주를 도는 것이 아니라 '천구'에 박혀있다고 여겼기 때문입니다. 움직이는 건 별이 아니라 별이 박힌 천구였던 거죠. 그래서 고대 그리스어에서 항성은 '아스테르 아플라네스 $ἀστήρ\ ἀπλανής$, 움직이지 않는 별'라 합니다. 아플라네스는 플라네스의 부정형이죠. 라틴어에서도 마찬가지로 stella fixa라고 불렀습니다. 예상하시듯이 '고정된 별'이란 뜻이죠. 이 라틴어가 영어의 fixed star로 이어지고, 우리말로 번역하면서 '항성, 붙박이별'이 된 거죠. '붙박이별'이 순우리말이다 보니 어떤 분은 아주 옛날부터 사용한 듯 느끼지만 사실은 근대 이후에 만든 용어입니다. 고대 로마에서는 또 시두스 ^{sidus}란 단어도 썼습니다. 원래 의미는 '별'이지만, 우리가 '별'을 항성과 같은 개념으로 쓰는 것처럼 고대 로마에서도 시두스는 주로 항성을 지칭하는 데 썼다고 합니다.

우리가 항성을 '별'이라 부르는 것처럼 당시 사람들도 그냥 '별'에 해당하는 용어가 있었겠죠. 고대 그리스에선 지금껏 계속 썼던 아스테르^{ἀστήρ}가 일반적으로 '별'을 의미하는 단어였습니다. 그리고 천체 일반이나 '별자리'를 가리킬 때는 아스트론^{ἄστρον}이라 불렀죠. 고대 로마에선 아스트론에서 연유한 라틴어 아스트룸^{astrum}이나 stella를 '별'을 지칭하는 단어로 자주 썼습니다. 이 아스테르에서 현대 영어에서 쓰는 천문학 관련 단어가 많이 파생했지요. 가령 '천문학'은 astronomy라 해서 아스트로^{ἀστήρ}와 '법칙'을 의미하는 노모스^{νόμος}를 합친 단어에서 유래합니다. 또 '소행성' asteroid는 아스트로 뒤에 '~와 같은'을 뜻하는 -eidēs^{εἰδής}를 붙인 데서, '점성술' astrology는 아스트로에 로고스를 붙인 아스트롤로기아^{ἀστρολογία}에서 유래합니다. 점성술로는 아스트로만테이아라 해서 아스트로에 '예언, 점'을 뜻하는 만테이아^{μαντεία}를 붙인 데서 유래한 astromancy도 있습니다. 이쪽은 '별점'이라고도 합니다. 천문학 용어만 있는 건 아닙니다. 과꽃 aster도 '별처럼 생겼다'는 뜻으로 붙은 이름이고, 재난 disaster는 '나쁜^{dis}+별^{aster}'이란 뜻이죠.

미국은 '우주비행사'를 astronaut라 하지요. 아스테르와 '항해자'를 뜻하는 나우테스^{ναύτης}의 합성어입니다. 반면 구소련과 현 러시아에서는 '우주'를 뜻하는 코스모스와 나우테스를 합쳐 cosmonaut라고 부릅니다. 냉전 시기 두 진영의 치열한 대립이 만든 결과지요. 중국의 경우 taikonaut라 부르는데, 중국어로 '우주'

가 태공太空이어서 여기에 '항해자'의 영어식 명칭을 붙인 거지요. 구소련처럼 미국식 용어를 쓰지 않겠다는 거지요.

라틴어인 stella에서도 꽤 많은 단어가 유래합니다. '별 모양의'란 뜻의 stellate, '성간의'란 뜻의 interstellar, '별자리'인 constellation 등등이 해당하지요. 또 sidus는 현대 영어의 '항성의'란 뜻으로 쓰이는 sidereal의 어원이기도 합니다.

그런데 고대 그리스나 로마에서도 항성이나 행성이 아닌 천체가 목격되는 경우가 있습니다. 유성과 혜성입니다. 혜성이야 아주 가끔 나타난다고 하지만, 유성우는 1년에도 몇 번씩 내리는데 옛사람들이라고 모를 리가 없죠. 하지만 당시 그리스의 자연철학자들, 특히 아리스토텔레스는 이들이 하늘에 속한 것이 아니라 '월하계'에 속한다고 봤습니다. 즉 '기상 현상'의 하나라고 여겼죠. 당시 고대 그리스에선 천상계, 즉 우주는 '완전한 원운동'만 하는 존재가 있다고 여겼습니다. 하늘에서 지상으로 떨어지는 유성이나 포물선·타원 궤도를 그리는 혜성은 그곳에 존재할 수 없었던 것이죠.

| 기억해야 할 어휘 |

*우라니온 소마 οὐράνιον σῶμα
'하늘의 물체' → 항성, 행성, 위성, 은하를 모두 포함하는 천체.

*카엘레스티아 caelestia
라틴어 '하늘의 것들' (복수형).

*코르푸스 카엘레스테 corpus caeleste
라틴어 '하늘의 것' (단수형) → 현대 celestial body.

*플라네테스 πλανήτης
'방랑자, 떠돌이별' → 행성을 뜻함.
(라틴어 planeta, stella errans → '떠도는 별'.)

*아스테르 아플라네스 ἀστήρ ἀπλανής
'움직이지 않는 별' → 항성, 붙박이별.
(라틴어 stella fixa → fixed star.)

*시두스 sidus
로마에서 항성을 가리키던 단어 → sidereal(항성의)의 어원.

*아스테르 ἀστήρ / 아스트론 ἄστρον
별, 별자리, 천체 전체를 의미.
(라틴어 astrum, stella.)

*파생 어휘 (아스테르/아스트론)
Astronomy: 천문학 (astro + nomos 법칙).
Astrology: 점성술 (astro + logos).
Asteroid: 소행성 (astro + ~like).
Astromancy: 별점 (astro + manteia 예언).
Astronaut: 우주비행사 (astro + nautes 항해자).

라틴어 stella 파생어
stellate(별 모양의), interstellar(성간의), constellation(별자리).

| 곱씹을 문장 |

영원한 별들이 길을 보여준다.

Sidera aeterna iter demonstrant.

정복되지 않는
태양

니콜라우스 프루크네루스, 귀도 보나티, 『천문학 10권』, 1532, 독일 라이프치히 판

솔 | 태양신

고대 그리스에서 가장 바쁜 신이라면 어떤 주저도 없이 헬리오스 ῟Ηλιος와 셀레네 남매라 하겠습니다. 매일 동쪽에서 서쪽으로 해를 타고, 혹은 달을 타고 동쪽에서 서쪽으로 하늘을 가로지르니까요. 그나마 셀레네는 그믐에는 하루 쉽니다. 그리스 신화에 따르면 이때 셀레네가 연인 엔디미온Ἐνδυμίων을 만나러 간다고 하죠. 하지만 헬리오스는 정말 단 하루도 쉬지 않지요. 매일 새벽 에오스Ἠώς의 궁전에서 불타오르는 말들이 끄는 마차를 타고 날아올라 저녁이 되어야 서쪽 끝 헤스페리데스Ἑσπερίδες의 정원에 도착하죠. 하루도 빼놓지 않고 1년 365일 계속 다닙니다. 저녁이라고 쉴 수 있는 것도 아니죠. 서쪽에 도착하면 데파스δέπας라는 황금 컵을 타고 오케아노스Ὠκεανός를 따라 다시 동쪽 궁전으로 돌아갑니다. 정말 잠잘 틈이나 있을까 싶지요.

여기서 잠깐, 오케아노스는 영어 ocean의 어원이긴 하지만 당시에는 '바다'란 뜻은 아니었습니다. 고대 그리스에서는 지구 혹은 세상을 물이 둘러싸고 있다고 생각했는데, 이 '세상을 둘러싼 거대한 강' 혹은 '세계의 끝에 있는 물줄기'를 오케아노스라 불렀죠. 또 신화에선 티탄족으로 물의 신이기도 합니다. 테티스와 결혼하여 수많은 강의 신과 님프들을 낳았다고 전해지죠. 지중해나 에게해 같은 일반적인 바다는 탈라사, 폰토스, 펠라고스 등으로 불렀습니다. 탈라사θάλασσα는 일반적인 '바다'를 의미하고, 특히 그리스인들이 친숙했던 지중해를 지칭합니다. 폰토스^{πόντος}는 '길', '통로'란 뜻에서 유래한 단어로 항해가 가능한 '먼 바다', '깊은 바다'를 의미하는데, 특히 흑해를 지칭할 때 자주 썼죠. 펠라고스^{πέλαγος}는 '넓은 수면', '바다의 표면'을 의미하며, 육지가 보이지 않는 망망대해를 뜻합니다. 에게해 같은 특정 해역을 지칭할 때 주로 사용했습니다. 그래서 현대 영어에서도 '해양의', '바다의'란 thalassic, 흑해 연안 지역을 지칭하는 Pontus, '원양의', '외해의'란 뜻의 pelagic이란 단어에 그 흔적이 남아 있습니다.

어쨌든 그리스에서 헬리오스가 맡았던 역할을 로마에선 솔^{Sol}이 맡습니다. 둘 다 태양 자체가 신격화된 초기 태양 신앙에서 연유한 신이기 때문이죠. 솔이라는 단어의 어원도 헬리오스와 같이 초기 인도유럽어의 '밝다'는 뜻의 어원에서 온 것이고요. 현대 영어에서도 태양과 관련된 단어에는 Sol에서 기원한 것으로 solar가 있습니다. 또 하지와 동지를 뜻하는 solstice도 라틴어 솔스티티움^{solstitium}이 어원인데, 태양^{sol}이 멈추다^{sistere}의 합성어죠. 하지나 동지에서 태양이 가장 북쪽 또는 남쪽으로 치우쳤다가 다시 반대 방향으로 움직이기 시작하는 시점이란 의미입니다. 태양을 뜻하는 sun은 같은 인도·유럽 어근에서 왔지만 직접적인 어원 관계는 아니고요.

하지만 셀레네가 있어도 아르테미스가 나온 것처럼, 헬리오스가 있어도 아폴론^{Ἀπόλλων}이 나옵니다. 아르테미스와 쌍둥이 형제죠. 원래 아폴론은 빛, 예술, 음악, 예언, 의술, 활쏘기 등을 관장하는 올림포스 12신 중 하나였습니다만, 헬레니즘 시기에 헬리오스와 아폴론의 역할이 점차 융합되기 시작합니다. 그리고 로마에 이르러서는 아폴론이 태양신의 역할도 겸하게 되었죠. 아, 로마 시대에는 아폴로^{Apollo}로 불렸습니다. 이름의 변화가 거의 없죠? 원래 그리스-로마 신화의 신들을 보면 하는 역할이 비슷한데 이름이 사뭇 다른 경우가 많습니다. 이유는 로마가 그리스 문화를 본격적으로 흡수하기 이전에 비슷한 역할을 하던 고유 신들이 이미 있었기 때문이죠. 그래서 그리스 신화를 흡수해 로마화하면서 신의 이름은 자기네 고유 신의 이름으로 바꾼 경우가 많은 거죠. 제우스를 유피테르로, 포세이돈을 넵투누스로, 아레스를 마르스로, 아프로디테를 베누스로, 하다못해 아폴론의 쌍둥이 아르테미스도 디아나로 바꿉니다.

그러나 아폴론의 경우는 그냥 갖다 쓰죠. 제가 짐작하는 이유는 솔^{Sol}이 워낙 강력한 정체성을 가지고 있었기 때문입니다. 그래서 아폴로는 태양신이라는 이미지는 약하고, 오히려 의술과 예술, 예언의 신이란 정체성이 강조되죠. 그래서 마땅히 대체할 로마의 신이 없었던 것이 아닐까 여겨집니다. 거기다 로마와 그리스의 차이가 또 하나 있습니다. 그리스는 단일한 국가 체제가 아니었죠. 문화적 동질성, 민족적 동질성은 있을지언정 정치적으로는 서로 독립적인 도시국가 연합 혹은 느슨한 연대 정도였죠. 그래서 도시국가마다 수호신이 따로 있었습니다. 주신인 제우스는 이들 모두를 거느리는 압도적인 최고신으로 자리하죠. 또 워낙 농경 위주가 아니고, 도시국가가 많다 보니 신화에도 이런 상황이 반영되어 신들 사이의 관계가 복잡했습니다.

하지만 로마는 초기부터 단일한 정치체제를 유지하고 있었지요. 여기에 유피테르는 제우스만큼의 위상을 가지진 못했고요. 또 그리스 신화가 본격적으로 들어오기 전에 이미 존재하던 신들도 농경과 가사 등에 관련된 소박한 역할을 주로 맡고 있었지요. 가령 전쟁의 신 마르스는 원래 농경의 신이고, 베스타는 화덕의 여신이죠. 그리스의 아르테미스에 해당하는 베누스는 정원과 채소의 수호신, 디아나는 숲과 달의 신, 넵투누스는 담수와 샘의 신인 정도였습니다. 그러다 그리스 신화가 수입되면서 이들도 맡는 역할이 커지고 또 복잡해졌습니다. 이는 로마 자체가 도시국가에서 제국으로 발전한 것과 궤를 같이한다고 볼 수 있습니다.

그런데 로마가 제국이 되면서, 그리고 공화정에서 제정으로 바뀌면서 황제가 솔과 자신을 동일시하며 신권 정치의 기반으로 삼습니다. 원래 로마제국의 황제는 제1 사제의 역할도 하고 있었고요. 특히 아우렐리아누스 황제가 서기 274년 '솔 인빅투스$^{Sol\ Invictus}$'를 국가 공식 종교로 채택하죠. 라틴어로 '빅투스^{victus}'는 '패배한, 정복된'을 뜻하는데, 앞에 부정을 뜻하는 in-을 붙여 '정복되지 않은', '패배하지 않는'이란 의미가 됩니다. 즉 '솔 인빅투스'는 '정복되지 않는 태양'이란 뜻으로 로마제국과 황제의 정체성이 되죠. 도시국가였을 때부터 로마는 여러 차례 시련을 겪죠. 대표적인 것은 이탈리아 전역과 로마를 위협당한 카르타고와의 제2차 전쟁이고, 그 외에도 초기 에트루리아와의 여러 차례 전쟁, 페르시아와의 전쟁 등에서도 쉽지 않은 장면이 꽤 있었습니다. 하지만 언제나 로마는 오뚝이처럼 다시 일어서고, 마침내 승리를 차지하죠. 이를 매일 저녁이면 서쪽으로 지지만, 다음 날 아침이면 언제 그랬냐는 듯이 떠오르는 태양의 이미지에 투영하는 겁니다. 그래서 '솔 인빅투스, 정복되지 않는 태양신' 기념일을 12월 25일로 정합니다. 동지, 낮이 가장 짧고 태양이 가장 움츠러들던 시점이지만, 역으로 이때부터 낮의 길이가 다시 조금씩 길어지는 날을 기념일로 정한 거죠.

이 정도 진전되면 당연히 크리스마스 이야기가 나올 수밖에 없죠. 크리스마스, 예수 탄생일을 12월 25일로 정한 건 3~4세기경입니다. 크리스마스가 공식적으로 처음 등장한 것이 354년 '필로칼루스의 달력'이었으니까요. 당시 로마에서 널리 행해지던 '솔 인빅투스' 축제를 기독교화하려는 시도였죠. 또 많은 초기 기독교 문헌에서 예수를 '정의의 태양'으로 표현했으니 그리 낯선 일도 아니었을 겁니다. 기독교가 유대인만의 종교에서 세계 종교가 되는 과정에서 특히 중요한 역할을 한 것이 그리스와 로마제국이니, 그들의 여러 문화적·종교적 특징이 기독교로 수렴된 건 어찌 보면 당연하달 수도 있겠죠. 그런 의미에서 수호성인도 지역 공동체나 직능 공동체에 뿌리내리는 과정에서 그리스 도시국가와 로마 도시의 수호신 같은 종교적 관행을 수용한 결과라 볼 수 있지요. 가령 아테나이^{Ἀθῆναι}는 아테나^{Ἀθηνᾶ}, 로마의 카피톨리누스는 유피테르^{Iuppiter}, 에페소스^{Ἔφεσος}는 아르테미스가 수호신이었고, 상인들은 헤르메스^{Ἑρμῆς}와 메르쿠리우스^{Mercurius}, 대장장이들은 헤파이스토스^{Ἥφαιστος}와 불카누스^{Vulcanus}, 선원들은 포세이돈^{Ποσειδῶν}과 넵투누스^{Neptunus}가 수호신이었죠. 비슷하게 기독교의 경우 파리는 성 드니, 밀라노는 성 암브로시우스, 영국은 성 조지를 수호성인으로 세웠고, 선원들은 성 니콜라스, 음악가들은 성 세실리아, 의사들은 성 루카를 내세우죠.

'솔 인빅투스'에서 victus는 '이기다, 정복하다'는 뜻의 동사 vincere의 과거분사형이 수동 형태로 사용된 것이죠. 여기서 파생되어 승리자는 victor가 되고, 승리는 victoria가 됩니다. 현대 영어에서도 많이 쓰이는 victor, victory의 어원이고요. '희생자' victim은 victus에서, '불패의' invincible은 invictus에서 유래한 단어입니다. '지방'을 뜻하는 province도 있지요. pro-는 라틴어에서 '~을 위해'라는 접두어로, provincia는 '~을 위해 정복한(지역)'이란 뜻으로 쓰였습니다.

천문학적으로 보았을 때 태양계는 사실 '태양 그 자체'라고 볼 수 있죠. 태양과 여러 행성, 행성이 거느린 위성, 소행성, 혜성, 카이퍼 벨트, 오르트 구름 등 태양계를 구성하는 천체는 다양하고 많습니다만, 태양계 전체 질량의 99.8%를 태양이 차지하고 있습니다. 나머지를 다 합쳐 전체의 겨우 0.2%일 뿐이지요. 실로 압도적인 존재감이라 할 수 있습니다. 또 다른 의미의 존재감도 있습니다. 한여름 뜨거운 태양을 보며 그 엄청난 에너지를 절감하지만, 사실 태양빛 중 지구가 받는 것은 불과 22억분의 1 정도밖에 되지 않습니다. 그 코딱지보다 작은 에너지 중에서도 극히 일부가 지구 생명 모두의 삶을 지탱하는 것이죠.

| 기억해야 할 어휘 |

*솔 ^{Sol}
로마의 태양신. solar(태양의), solstice(하지·동지)의 어원.
→solstitium: "태양이 멈추다."

*아폴론 ^{Ἀπόλλων}
빛·음악·예언·의술의 신. 헬레니즘 시대 이후 태양신의 역할까지 겸함.

*솔 인빅투스 $^{Sol\ Invictus}$
'정복되지 않는 태양' → 로마 황제 아우렐리아누스가 공식 신으로 선포.
→ 12월 25일 태양 축일 → 기독교 성탄절 날짜의 기원.

*헬리오스 ^{Ἥλιος}
태양신. 매일 불타는 말이 끄는 전차를 타고 하늘을 달려 해를 띄움.

*셀레네 ^{Σελήνη}
달의 여신. 그믐날 하루 쉬고 연인 엔디미온 ^{Ἐνδυμίων} 을 만나러 감.

*에오스 ^{Ἠώς}
여명의 여신. 매일 새벽 헬리오스가 출발하는 궁전을 여는 존재.

*헤스페리데스 ^{Ἑσπερίδες}
서쪽 끝의 정원. 헬리오스가 하루 여정을 마치고 도착하는 곳.

*데파스 ^{δέπας}
황금 컵. 헬리오스가 이를 타고 오케아노스를 따라 동쪽으로 돌아옴.

*오케아노스 ^{Ὠκεανός}
세상을 둘러싼 거대한 강. 바다가 아니라 '세계의 끝'을 감싸는 신성한 물줄기.
→ 영어 ocean의 어원.

*탈라사 ^{θάλασσα}
일상에서 접하는 바다. 지중해 같은 친숙한 바다.
→ thalassic (바다의).

*폰토스 ^{πόντος}
먼 바다, 항해 가능한 바다 → 흑해를 지칭할 때 자주 사용.

*펠라고스 ^{πέλαγος}
망망대해, 육지가 보이지 않는 바다.
→ pelagic (원양의).

| 곱씹을 문장 |

정복당하지 않는 자, 태양이여!

O Sol Invicte!

일곱 하늘과
일곱 날의 비밀

니콜라우스 프루크네루스, 귀도 보나티, 『천문학 10권』, 1532, 독일 라이프치히판

셀레네 | 달

아무리 여러 별이 요란을 떨어도 밤하늘의 대표는 달이죠. 밤하늘에 보름달이 뜨면 여타 별이 아무리 밝아도, 수천 개여도 달 하나를 당하지 못하니까요. 그래서 태양과 달은 각각 낮과 밤을 상징하는 천체이고, 하늘을 시간상으로 나누는 대표이기도 합니다. 그런데 참 신기한 것이 하나 있습니다. 분명 달은 태양보다 훨씬 작은데 우리 눈에는 같은 크기로 보입니다. 둘과 지구와의 거리가 이 크기 차이와 딱 맞아떨어지기 때문이죠. 개기일식과 개기월식 둘 다 가능한 것이 이 때문입니다. 기가 막힌 우연으로 보이죠.

하지만 실제 상황을 보면 그렇지 않습니다. 지구와 태양 사이의 거리는 옛날부터 지금까지 크게 변하지 않지만, 달은 지구로부터 점점 멀어지고 있습니다. 1년에 약 3.8cm씩이지요. 즉 옛날에는 지금보다 더 가까웠고, 더 커 보였다는 겁니다. 그렇다면 지구에서 볼 때 달이 태양보다 커 보였겠죠. 달이 태양을 가리는 개기일식은 지금보다 더 자주, 더 오래 있었겠습니다. 월식은 지구가 태양으로부터 달을 가리는 건데 둘 사이가 가까웠으니 월식도 더 자주 있었을 겁니다. 그리고 앞으로 달의 크기가 태양보다 작아 보이기 시작하면 반대로 달이 태양을 완전히 가리는 개기일식이 불가능한 시점이 될 겁니다. 마찬가지로 개기월식도 불가능해질 것이고요. 어쩌면 이렇게 달과 태양이 서로 크기가 비슷한 시기에 인류가 등장한 것이야말로 기가 막힌 우연이었을 수 있습니다. 물론 누군가는 이것이 필연이라 여길 수도 있지만요.

이런 달을 고대 그리스에선 셀레네^{σελήνη}로 불렀습니다. 지금도 셀레네^{Selene}는 서양에서 달의 여신을 뜻하죠. 셀레네는 '빛나는'을 뜻하는 인도유럽어 어근 swel-에서 유래한 것으로 '빛나는 것'이란 뜻을 가집니다. 밤하늘에서 가장 빛나는 존재였을 터이니까요. 그리고 달을 신격화하면서 달의 신 이름도 된 것이고요. 나중에 다시 말씀드리겠지만 태양을 뜻하는 sol도 같은 어원을 가지고 있습니다. 라틴어의 달 루나^{Luna} 또한 인도유럽어로 '빛나다'를 의미하는 어근 leuk-에서 왔습니다. 발음은 달라도 뜻은 그리스와 비슷하죠. 영어로 '빛나는, 총명한, 야광의, 선명한' 등을 뜻하는 luminous, '빛'을 뜻하는 light도 같은 인도유럽어 어근을 어원으로 가지고 있습니다. luminous의 어원이 루나라고 생각하는 분들도 있는데, 라틴어 어원은 luminosus이고 이 단어는 '빛'을 뜻하는 라틴어 lumen에서 파생한 것입니다. 이 lumen이 인도유럽어 어근에서 유래한 것이지요. 로마에서도 루나는 달 자체를 의미하기도 하지만, 달이 신격화되면서 달의 여신 이름이기도 합니다.

하지만 달 하면 또 떠오르는 이름이 있습니다. 아르테미스^{Ἄρτεμις}와 디아나죠. 사실 달의 여신 하면 많은 이들이 셀레네보다 아르테미스를, 루나보다 디아나를 떠올립니다. 아르테미스는 고대 그리스 신화에서 달의 여신이었습니다. 디아나는 로마 신화에서 달의 여신인 디아나Diana에서 온 것이죠. 왜 달에는 신이 둘이나 붙은 걸까요? 하나는 자체 신격화에 의한 신이고, 다른 하나는 나중에 달을 차지한 신이기 때문입니다. 원래 많은 문화권에서 태양과 달 숭배는 일반적인 경향이었고, 이는 태양과 달 자체의 신격화로 이어집니다. 어떻게 보면 원시적 형태의 신앙을 반영한 것이죠. 그리스의 셀레네나 로마의 루나도 그런 경우지요. 그래서 셀레네는 직접 마차를 몰고 밤하늘을 가로지르는 모습으로 묘사됩니다. 달이 밤하늘을 가로지르는 걸 비유한 것이지요. 루나도 그렇고요.

하지만 각 민족의 고유한 신화에서 주요한 신들이 태양과 달의 신으로 격상되는 모습도 자연스러운 현상입니다. 이는 사회가 발전하면서 신들에 대한 이해도 더 복잡하고 체계적으로 변해가면서 생기는 현상이죠. 단순한 자연 현상에 대한 숭배가 아니라 복잡한 사회적 기능과 상징을 가진 신들로 발전하는 겁니다. 그리스의 아르테미스와 로마의 디아나가 그렇지요. 그래서 이들은 달 자체가 아니라 달과 관련한 다양한 영역, 사냥, 야생, 출산, 순결 등을 총괄하는 더 복잡한 형태의 신격을 가지게 됩니다.

그래서 신화에서는 원래부터 달의 신이었던 셀레네나 루나는 티탄 신족이고, 아르테미스나 디아나는 티탄 신족을 물리친 올림포스 신족의 신으로 묘사합니다. 셀레네는 티탄 신족인 하이페리온과 테이아의 딸이었고, 아르테미스는 제우스와 레토 사이에서 태어난 올림포스의 12신 중 하나지요. 그리고 두 민족 모두 뒤로 갈수록 원조 신인 셀레네나 루나의 비중은 줄어들고, 아르테미스나 디아나의 비중은 올라갑니다.

그런데 이들 네 신은 모두 여신이죠. 이 영향을 받아서인지 서양 문화에선 달과 여성을 매치시키는 경우가 많죠. 누군가는 이를 달의 주기와 여성의 월경 주기가 비슷하기 때문이라고 주장하기도 합니다. 하지만 다른 신화를 보면 항상 그렇지는 않습니다. 일본 신화에선 아마테라스라는 여신이 태양을, 그의 남동생 츠쿠요미가 달을 다스립니다. 게르만 신화에서도 마니$^{\text{Máni, 달}}$가 남신이고, 그의 자매 솔$^{\text{Sól, 태양}}$이 여신입니다. 이집트 신화에선 태양신 라^{Ra}와 달의 신 콘수^{Khonsu}가 모두 남신이죠. 하지만 서양의 영향이 근대 들어 절대적이 되었고, 따라서 우리도 고대 그리스와 로마의 간접적인 영향에 따라 태양은 남성적, 달은 여성적으로 보는 것이죠. 참고로 게르만 신화의 솔은 라틴어의 솔과 같아 보이는데, 이는 둘 다 고대 인도유럽어의 같은 어근에서 파생되었기 때문이며, 직접적인 음차이거나 어원 관계이진 않습니다.

달 하면 또 떠오르는 것이 토끼죠. 달 표면의 얼룩을 동아시아에선 토끼 모습으로 보았습니다. 우리나라에선 토끼가 떡방아를 찧는다고 생각했고, 중국에선 토끼가 불로불사의 약을 만든다고 생각했죠. 일본도 마찬가지로 토끼가 있었는데, 우리와 비슷하게 모찌를 찧는다고 여겼습니다. 그런데 고대 그리스에선 이를 '얼굴'로 보았습니다. 이를 그리스어로 '달의 얼굴', 프로소폰 테스 셀레네스πρόσωπον τῆς σελήνης라 불렸지요. 로마에선 라틴어로 파시에스 루나에Facies Lunae라고 했고요. 또 그리스의 자연철학자들은 이를 육지와 바다로 해석하기도 했습니다. 플루타르코스가 책『달의 얼굴에 관하여』에서 이에 대한 기록을 남겼죠. 달의 어두운 부분은 바다, 탈라사θάλασσα 또는 폰토스πόντος라 불렸고, 밝은 부분은 육지, 게γῆ 또는 크톤χθών이라 불렀습니다. 지금도 달의 어두운 부분을 '고요의 바다', '추위의 바다', '풍요의 바다' 등으로 부르는 건 이런 전통의 영향에 힘입은 바가 크죠. 실제 바다가 아닌 건 다들 아실 터이고, 어둡게 보이는 이유는 현무암질 용암이 분출하여 덮은 부분이기 때문입니다. 제주에서 자주 보는 까만 돌 성분이죠. 예전에 운석들이 달 표면에 충돌하여 수많은 크레이터가 형성되었는데, 이 저지대들에 주로 달 지하의 현무암질 마그마가 분출하여 형성된 부분입니다.

참, 고대 그리스 달의 여신 셀레네는 또 다르게 메네μήνη라 부르기도 했습니다. '측정하다'는 뜻의 원시 인도유럽어 어근 mehi-에서 파생된 단어입니다. 달의 위상 변화—초승달, 상현달, 보름달, 하현달—가 시간을 측정하는 도구로 사용된 측면에서 유래한 듯합니다. 그래서 초승달의 경우는 메네를 써서 '달 모양의'란 뜻의 메노에이데스μηνοειδής라 하고, 보름달은 셀레네를 써서 '완전한 달'

이란 뜻의 판셀레노스^{πανσέληνος}라 했습니다. 상현과 하현은 둘 다 '반으로 잘린'이란 뜻의 디코토모스^{διχότομος}라 불렀죠. 디코토모스 $διχότομος$는 '둘로'를 뜻하는 디카^{δίχα}와 '자르다'를 뜻하는 템노^{τέμνω}의 합성어입니다. 현재의 영어에서 월 단위를 지칭하는 month도 고대 그리스어로 '한 달'을 뜻하는 메이스^{μήν}에서 유래했고요.

그리고 달을 상징하는 여신이 고대 그리스에는 한 명 더 있었습니다. 바로 헤카테^{Εκάτη}입니다. 원래 소아시아 카리아 지역에서 유래한 것으로 알려져 있는데, 그리스 신화에 따르면 티탄 신족이지만 제우스의 편을 들어 올림포스 신족이 세계를 장악한 후에도 영향력을 잃지 않았죠. 원래 밤, 출산 등의 여신이었으나 이후에 달의 여신, 대지의 여신, 저승의 여신 등으로 영역을 확장합니다. 달의 여신으로의 확장은 달의 위상 변화에서 나타납니다. 초승달은 처녀성을 상징하는 아르테미스, 보름달은 어머니로서의 셀레네, 그리고 그믐달은 노파이자 마법의 여신인 헤카테로 상징하는 거죠. 헤카테는 이후 로마에서는 헤카테^{Hecate}로도 불리지만 따로 트리비아^{Trivia}라고도 불립니다. 트리^{tri}는 '세 개'를, 비아^{via}는 '길'을 뜻하니 '세 갈래 길'이죠. 헤카테가 교차로의 수호신, 삼거리의 수호신이란 면이 강조된 것입니다. 그러면서 헤카테 모습도 주로 세 개의 머리를 가진 것으로 표현됩니다. 하찮은 것, 여담을 뜻하는 '트리비아'도 여기서 연유하죠.

| 기억해야 할 어휘 |

*플라네테스^{πλανήτης}

'떠돌이, 방랑자' → 행성을 뜻함.

(라틴어 planeta, 영어 planet의 어원.)

*일곱 행성 (고대 기준)

달^{Σελήνη}, 수성$^{Στίλβων,\ Stilbon}$, 금성$^{Φωσφόρος/Έσπερος}$,

태양^{Ήλιος}, 화성^{Πυρόεις}, 목성^{Φαέθων}, 토성^{Φαίνων}.

*지구 중심 우주관

지구를 중심으로 달·수성·금성·태양·화성·목성·토성이 돌고, 그 바깥에 별이 박힌 천구가 있다고 본 우주 모델.

*라틴어 요일명

Dies Solis → Sunday (태양의 날).

Dies Lunae → Monday (달의 날).

Dies Martis → Tuesday (화성, 전쟁의 신 마르스).

Dies Mercurii → Wednesday (수성, 메르쿠리우스).

Dies Iovis → Thursday (목성, 유피테르).

Dies Veneris → Friday (금성, 베누스).

Dies Saturni → Saturday (토성, 사투르누스).

*게르만 신화 요일명

Tuesday → 티르(Tiw, 전쟁의 신).

Wednesday → 오딘(Woden, 지혜의 신).

Thursday → 토르(Thor, 천둥의 신).

Friday → 프리그(Frigg, 사랑과 결혼의 여신).

*디에스 (dies)

라틴어 '날(day)' → 영어 day와 같은 뿌리.

원시 인도유럽어 dyeu- (빛나다, 하늘).

→ deus(신), Zeus(제우스)의 어근.

| 곱씹을 문장 |

밤은 달의 존재, 달은 밤의 존재.

Nox est esse lunae, luna est esse noctis.

3장

세계를 여는 말

"세상을 아는 일은, 더 넓은 나를 만나는 일입니다."

문명이 내린
서로 다른 선택

알란 소어(Alan Sorrell) 추종 양식, 〈로마 시대 라티푼디아 복원도〉,
20세기 후반, 영국 박물관 및 역사 교육 자료

라티푼디아 | 대규모 농장

우리나라엔 "3년 가뭄은 견뎌도 3년 장마는 견딜 수 없다"는 속담이 있죠. 가뭄에는 어떻게든 지하수라도 퍼서 곡식을 재배할 수 있지만, 장마가 오래 져 작물들이 다 죽어버리면 손쓸 방법이 없다는 옛사람들의 푸념입니다. 우리나라의 기후와도 관련이 깊죠. 동아시아 몬순 기후에 속하는 우리나라는 강우량이 많아서 쉽사리 가뭄이 들지 않고, 또 오래 가지도 않습니다. 가뭄이 들다가도 태풍이 한 번 오면 대부분 해갈이 되기도 하고요. 다만 온대 몬순 기후는 여름에 비가 집중되는 경향이 있습니다. 오호츠크해 기단과 북태평양 기단이 기싸움을 벌이는 초여름 장마는 길기도 하고요. 비가 이렇게 한꺼번에 오면 홍수가 들판을 휩쓰는 일도 비일비재합니다. 장마가 견디기 힘든 건 홍수 때문이기도 하죠.

하지만 그리스나 로마는 지중해성 기후로 전반적으로 건조합니다. 지금도 그리스, 이탈리아, 스페인 등은 사막화가 계속 진행되어 힘들기도 하고요. 이런 곳에선 가뭄이 장마나 홍수보다 견디기 힘든 법이지요. 그리스는 특히 가뭄에 취약했습니다. 애초에 건조하고 산악지형인 터라 경작이 가능한 땅이 별로 없었죠. 그런 그리스가 기원전 850년부터 750년까지 약 100년간 심각한 건조기를 겪습니다. 말 그대로 죽을 지경이었지요. 올리브·포도 등 주요 작물의 생산량이 급감하고 경작지가 황폐해집니다. 기근에 시달리다 사람들이 죽어갑니다. 그리스 안에서는 도저히 먹고 살 엄두가 나질 않습니다.

그리스인들은 그리스를 떠나기 시작합니다. 다만 유민이나 난민이 되어 떠난 것이 아니라, 집단으로 흑해와 지중해 연안의 다른 곳에 새로운 도시를 마련하는 식으로 이주했죠. 이때 식민지로의 이주를 주도하는 지도자들을 오이키스테스^{Oικιστής}라 불렀고, 영웅으로 대접받았습니다. 이 시기 대규모 식민화를 아포이키아^{Ἀποικία} 운동이라고 합니다. '오이키스테스'는 집·가정을 뜻하는 오이코스^{οἶκος}와 '~하는 사람'을 뜻하는 접미사 -이스테스가 합쳐진 말로, '정착지를 세우는 사람, 집을 세우는 사람'을 뜻합니다. 오이코스에서 '세계적인, 보편적인'을 뜻하는 에큐메니컬^{ecumenical}이 파생했고, '가정 관리'를 뜻하는 오이코노미아^{oικονομία}에서 경제^{economy}가 나왔습니다. 또 오이코스 + 로고스^{logos}의 조합에서 생태학^{ecology}이, 교구도 디오이케시스^{διοίκησις}에서 파생합니다. '아포이키아'는 '~로부터'를 뜻하는 접두어 아포^{ἀπό} + 오이코스의 합성어로, '고향을 떠난 정착지'라는 뜻이 됩니다.

식민지는 지중해 전체로 퍼집니다. 서부로는 시칠리아와 남부 이탈리아, 프랑스 남쪽 연안, 남으로는 북아프리카, 동쪽으로는 소아시아 서부 해안, 북부로는 에게해 북부와 흑해·트라키아 연안에 새로운 식민 도시를 세웁니다. 이런 도시가 약 200년 동안 250개가 넘었습니다. 주요 도시만 하더라도 시칠리아의 시라쿠사, 이탈리아의 타란토, 프랑스의 마르세유, 북아프리카의 키레네, 소아시아의 밀레투스 등이죠.

그리스 입장에선 전화위복이 아닐 수 없습니다. 미케네 문명 멸망 후 약 300년간의 암흑기가 끝나려던 참에 찾아온 크고 긴 가뭄을 이겨내고, 에게해와 지중해 전체로 자신들의 세력을 펼친 것은 참 대단한 일입니다. 현명한 처세가 무엇보다 중요했습니다. 이들의 식민도시는 중앙집권적 세력이 미치지 못하는 곳이면서 원주민 정착지와도 적당한 거리가 있는 곳에 자리했습니다. 초기 식민 규모도 크지 않아 주변 사람들이 크게 경계하지 않았고요. 물론 이런 일이 가능했던 건 역량이 있었기 때문입니다. 중장보병 중심의 전투 방식은 가끔의 무력 충돌에서 우위를 과시해 함부로 덤비지 못하게 했습니다. 또 항해 기술이 뛰어나고 이전부터 무역로를 잘 활용했기에 주변 거주지와 교역을 통해 상호 이익을 나눌 수 있었습니다.

이런 사정을 생각하면 꼭 가뭄 때문이 아니더라도 그리스의 세력 확장은 예정된 일이라 볼 수 있겠지만, 장기간의 가뭄이 식민화를 촉진한 것만은 사실입니다. 이런 확장 과정을 통해 그리스는 기원전 500년부터 시작되는 고전기(고대 그리스의 전성기)를 착실히 준비하고 있었던 거죠.

헬레니즘 시기를 지나 로마제국이 지중해 전역을 장악하던 전성기도 끝나갈 무렵, '3세기의 위기'가 닥칩니다. 말 그대로 서기 3세기에 일어난 로마제국의 위기죠. 이 시기를 고대에서 중세로의 전환점으로 보는 시각도 있습니다. 서로마와 동로마제국이 분리되는 기초가 형성되고, 농민이 토지에 귀속되는 콜로나투스 colonatus라는 봉건적 요소도 등장합니다. '콜로나투스'는 라틴어 '농부' 콜로누스 colonus에서 파생된 단어입니다. 이 '3세기의 위기'의 원인은 복합적이지만, 2~3세기 북아프리카의 건조화와 장기간 가뭄도 한몫했습니다.

북아프리카라면 사하라 사막을 먼저 떠올리지만, 알제리나 튀니지 등의 지중해 연안은 농지가 꽤 됩니다. 로마제국 시대에는 지금보다 훨씬 농지가 많았습니다. 비도 지금보다 더 많이 내렸고, 아틀라스산맥은 숲으로 우거져 농사짓기에 적합했죠. 광활한 로마제국에서도 가장 곡물 생산량이 많은 2대 곡창은 북아프리카와 이집트 나일강 주변이었습니다. 북아프리카 지중해 연안에서 생산한 곡물이 로마 식량의 2/3를 책임질 정도였죠. 밀과 보리가 주요 생산물이었고, 지금도 그렇듯 올리브와 포도 재배도 성행했으며 무화과와 대추야자 등의 과일 생산량도 많았습니다. 당시엔 지금보다 인구도 더 많았을 정도입니다. 곡창지대에는 라티푼디아 latifundia라는 대규모 농장이 여기저기 들어섰습니다. 라티푼디아는 '넓은' latus + '농장' fundus의 합성어로, 말 그대로 '넓은 농장'입니다. fundus에서 펀드 fund, 펀더멘털 fundamental 등이 파생하죠. 로마 귀족이 소유하고 노예와 소작인이 경작했습니다.

그런데 기원전 2세기 중반부터 점차 이 지역이 건조해지기 시작합니다. 이유는 여러 가지지만, 기본적으로 기후 주기가 건조기로 접어든 탓이 큽니다. 기원전 1세기에서 기원후 4세기 정도까지의 기간을 '로마 온난기'라 합니다. 로마를 중심으로 한 지중해 기후가 비교적 따뜻하고 습했던 시기죠. 하지만 이 온난기가 2세기 무렵부터 부분적으로 끝나기 시작합니다. 아프리카 북부와 스페인이 먼저 영향을 받았지요. 온난기에 비교적 풍부했던 강수량이 점차 줄어듭니다. 특히 봄철 강수량이 감소하면서 밀과 보리 생산에 큰 타격이 있었습니다.

여기에 선박 건조·건축 자재·연료용 삼림 벌채가 마구 이루어집니다. 인구가 늘수록 삼림은 줄었습니다. 또 식량 재배를 위해 물을 과하게 끌어쓰니 수자원이 줄어듭니다. 가축을 기르면서 숲을 개간했고, 소와 양이 풀을 먹어 치웠습니다. 이런 과도한 개발이 상황을 더 악화시켰습니다. 사막과의 경계를 이루던 초원지대는 사막이 되었고, 초원 인근의 내륙 농지는 물 부족으로 더 이상 경작이 불가능해졌습니다.

그 결과 수확량이 평년 대비 최대 50%까지 줄었고, 로마제국 주요 도시들에 식량 부족이 일상화됩니다. 로마의 공식 곡물 공급 및 분배 시스템인 안노나^{Annona}도 큰 타격을 입습니다. 도시에선 식량 부족과 가격 상승에 항의하는 시위와 폭동이 증가합니다. 황제의 권위가 약화되고 지방의 반란이 늘어납니다. 이런 상황이 제국의 다른 요인들과 상호 증폭되면서 로마제국은 '3세기의 위기crisis tertii saeculi'에 빠져듭니다. '크리시스'는 그리스어에서 유래한 라틴어로 지금의 영어 crisis처럼 '위기'를 뜻합니다. '사에쿨리'는 '시대'를 뜻합니다. 서기 235년에서 284년 사이 불과 50년 동안 26명의 황제가 등장했다가 죽습니다. 그중 위기가 극심했던 해는 '끔찍한 해annus horribilis'라 부르기도 했습니다. annus는 '해, 연'을 뜻해 현대 영어 annual(연례의)의 어원이기도 합니다. horribilis는 현대 영어 horrible(끔찍한)의 어원으로, 당시에도 '끔찍한, 무서운'이란 뜻을 지녔습니다.

결국 그리스의 가뭄은 전성기로 달려가는 기점이 되었지만, 로마의 가뭄은 제국의 황혼을 가리키는 징조가 되었습니다.

| 기억해야 할 어휘 |

*오이키스테스^{Οἰκιστής}
집을 세우는 사람, 그리스 식민도시 건설을 이끈 지도자.
*아포이키아^{Ἀποικία}
고향을 떠난 정착지, 기원전 8~6세기 대규모 식민운동.
(흑해·지중해 연안 약 250개 도시 건설.)
*라티푼디아^{latifundia}
로마의 대규모 농장 제도.
(귀족 소유, 노예·소작인 경작 → 토지 집중·농민 몰락.)
*안노나^{Annona}
로마의 공식 곡물 공급 제도.
(도시 빈민에 곡물 배급 → 제도 붕괴 시 폭동·불안.)
*크리시스 테르티이 사에쿨리^{crisis tertii saeculi}
'3세기의 위기', 내우외환으로 황제가 잇달아 교체된 혼란기.
(약 50년간 26명의 황제 등장·퇴위.)
*안누스 호리빌리스^{annus horribilis}
'끔찍한 해', 로마가 기근·전쟁·정치적 혼란을 겪은 해.

| 곱씹을 문장 |

같은 가뭄이 반대의 운명을 만든다.

Eadem siccitas fata contraria creat.

불의 언어

⟨산토리니 칼데라 전경⟩, 2021, Wikimedia Commons

불카누스 | 불의 신

지금 주로 다루고 있는 고대 그리스는 기원전 800년부터입니다. 그리스인이라는 정체성이 본격적으로 형성되기 시작한 시기라고 볼 수 있기 때문이죠. 그리스 신화 같은 공통의 문화를 공유하고, 적(페르시아)에 맞서 단일한 대오를 형성하는 등의 일이 있었죠. 익숙한 아테네나 스파르타, 테베 등도 이때 전성기를 누립니다. 그 이전인 기원전 1100년부터 기원전 800년까지는 그리스의 암흑기라 불립니다. 미케네 문명이 붕괴하면서 문화적으로도 경제적으로도 쇠퇴기에 접어들기 때문이죠. 이 암흑기에 그러나 그리스의 정체성을 만드는 중요한 서사시가 쓰입니다. 호메로스가 잘나갔던 미케네 문명 때의 이야기를 쓴 『일리아드』와 『오디세이아』입니다. 어떻게 보면 이 서사시들이 나름대로 암흑기를 견디게 해준 것일 수도 있고, 이후 그리스의 정체성을 만든 중요한 문화적 공유재이기도 합니다.

그런데 이 미케네 문명을 번성하게 한 계기 중 하나가 화산 폭발입니다. 광고에도 자주 나오고 여행기에도 단골로 등장하는 곳, 산토리니에서였죠. 청명한 푸른 하늘과 바다, 눈부신 햇빛, 파란색과 하얀색이 강렬한 건물들이 저절로 연상되는 에게해의 보물이라고나 할까요? 그리스 본토와 소아시아, 그리고 크레타섬의 가운데 위치한 섬이지요. 여기서 그리스 역사상 가장 큰 화산 폭발이 일어났습니다. 지금의 산토리니와 주변 섬 모습을 하늘에서 보면 분화구 모양인 걸 알 수 있습니다. 예전 화산 폭발로 상부가 날아가고 남은 분화구의 위쪽 일부가 서너 개의 섬으로 남은 모습입니다.

기원전 1600년경의 일입니다. 당시는 크레타섬의 미노스 문명이 에게해에서 가장 빛나던 시기였습니다. 그리스 본토에서 미케네 문명의 싹이 막 자라기 시작할 때이기도 했고요. 미노스 북쪽에 테라Thera 섬이 있습니다. 지금의 산토리니죠. 섬 자체가 거대한 화산이었는데 폭발합니다. 엄청난 폭발이었습니다. 인류가 문명을 이루기 시작한 1만 년 사이에 가장 강력한 폭발 가운데 하나로 꼽힙니다. 화산재 기둥이 무려 30km까지 상승했고, 칼데라는 지름이 7km에 달했습니다. 전 세계 평균 기온이 2~3도 내렸습니다. 산토리니에 살던 이들은 거의 대부분 절멸했습니다만, 그다음으로 큰 피해는 크레타섬이었습니다. 화산 폭발 후 불과 120분 만에 거대한 쓰나미가 몰려와 크레타섬 북부를 휩씁니다. 당시 미노아 문명은 중계 무역을 중심으로 번성했는데, 항구도 배도 모두 박살이 나고 말았습니다. 해상무역 네트워크가 완전히 붕괴합니다. 그리고 화산재가 크레타 전체에 쌓입니다. 농작물이 파괴되고, 가축이 죽었고, 식수가 오염되었습니다. 이 사건을 계기로 미노아 문명은 급격히 쇠퇴하기 시작합니다.

물론 그리스도 피해가 있습니다. 쓰나미가 크레타섬만 덮치진 않았을 테니까요. 거기다 화산재도 마찬가지고요. 하지만 쓰나미에선 그리스 연안의 여러 섬이 방파제 역할을 했고, 거리도 크레타보다 멀어서 화산재 피해도 비교적 적었습니다. 그래서 미노아 문명이 쇠퇴하면서 그리스의 미케네 문명이 에게해의 주도권을 쥡니다. 만약 산토리니 폭발이 없었다면 미케네 문명이 어찌 되었을지는 아무도 모르죠. 트로이 전쟁이 일어나지 않았다면 『일리아드』나 『오디세이아』도 없었겠지요.

산토리니란 이름은 13세기에 생깁니다. 산토리니섬의 수호 성인인 성 에이리네(Santa Irene)의 이름이 변해서 된 것이죠. 고대 그리스에선 테라(Θήρα)였습니다. 스파르타의 영웅 테라스의 이름에서 딴 거라고 합니다. 그리스어로 화산은 헤파이스테이온(ἡφαίστειον)이었습니다. 대장장이 신 헤파이스토스에서 따온 것이지요. 로마에서는 불의 신 이름이 불카누스(Vulcanus)였습니다. 그래서 화산 이름도 불카누스였지요. 현대 영어의 화산(volcano)도 당연히 라틴어에서 온 것이죠. 그런데 헤파이스토스와 불카누스는 좀 다릅니다. 헤파이스토스는 말 그대로 대장간의 신입니다. 제어된 불의 신이지요. 불과 관련된 다른 신으로는 헤스티아가 있는데 이 또한 화덕과 가정의 불을 관장하죠. 프로메테우스는 인간에게 불을 전해준 신으로 너무 유명하고요. 하지만 로마의 불카누스는 애초에 파괴적인 불의 신으로 숭배를 받았던 존재입니다. 뒤에 그리스 문화가 전파되면서 야금술과 대장장이 기술의 신으로 확장된 경우죠.

이유는 두 가지로 볼 수 있습니다. 우선 그리스에는 화산이 거의 없고, 인간이 정착한 이후 활동도 없습니다. 산토리니 화산의 폭발도 그리스 민족의 정체성이 생기기도 훨씬 전의 일이고요. 하지만 이탈리아에는 심심하면 폭발하는 시칠리아의 에트나 화산이 지척이었고, 이탈리아 캄파니아의 베수비오 화산도 한두 번 폭발한 것이 아닙니다. 그 외 캄피 플레그레이Campi Flegrei, 로마 근교의 알반 힐스Alban Hills 등이 있지요. '캄피 플레그레이'는 '불타는 들판'이라는 뜻입니다. 여러 분화구와 간헐천, 유황 가스가 있는 곳이죠. 근처에 쿠마이란 그리스 식민도시가 세워졌는데, 여기 그리스인들이 '불타는'이란 뜻의 그리스어 필레그라이오스와 '들판'이라는 뜻의 라틴어 캄푸스campus를 붙여 지명을 만들었나 봅니다. 알반 힐스는 원래 알바 롱가Alba Longa로 불린 곳입니다. 라틴어로 '하얗고 길다'는 뜻인데, 응회암과 화산재로 하얀색 구릉이 길게 이어진 모습에서 붙은 이름이지요.

이탈리아에 화산이 많고 분화도 잦은 건 어찌 보면 당연한 일입니다. 지금의 아프리카는 호모 사피엔스가 나타나기 전 한참 옛날에 훨씬 아래쪽에 있었습니다. 그러다 위로 점점 올라온 것이죠. 이탈리아도 당시에는 섬이었습니다. 아래쪽에서 아프리카가 밀어붙이니 위로 올라오다 유럽과 마주친 것이죠. 사실 스페인과 포르투갈이 있는 이베리아반도도 섬이었다가 아프리카가 밀어붙이는 바람에 유럽에 붙은 거죠. 유럽 자체도 아프리카가 아래에서 밀어붙이기 전까지는 여러 개의 섬으로 나뉜 군도였지요. 그러다 아프리카에 밀려 서로 부딪치면서 피레네산맥도 생기고 알프스산맥도 만들어지며 지금의 모양이 되었습니다. 이렇게 서로 떨어져 있던 땅덩이들이 서로 부딪치니 당연히 지진도 잦고 화산 폭발도 잦죠. 그 중심에 이탈리아가 있는 거죠.

화산 폭발 당시를 그려봅니다. 갑자기 천지를 울리는 폭발음이 어딘지도 모를 곳에서 달려와 온몸을 때립니다. 수평선 너머, 산맥 너머 보이지도 않는 곳에서 시뻘건 불기둥이 하늘 끝까지 솟아오르고, 그 주변으론 검은 연기가 피어오릅니다. 그리고 불과 30분 정도 뒤에 100미터 높이의 바닷물이 육지를 향해 다가와 해안을 덮칩니다. 바다로부터 시작된 쓰나미는 1킬로미터가 넘게 육지를 내쳐 들며 모든 걸 쓸어버립니다. 그리고 화산재가 비처럼 쏟아집니다. 기껏 키운 보리며 밀이며, 올리브나무와 포도나무는 재가 쌓여 죽어버리죠. 시냇물도, 연못도, 우물도 화산재가 가라앉아 마실 수 없습니다.

예측할 수도 없고 감당할 수도 없는 재난 앞에서 무력하기만 한 사람들이었습니다. 이유도 원인도 모르는 막강한 공포 앞에 사람들은 이유를 신에게 돌릴 수밖에 없었습니다. 대장간의 신이 망치로 모루를 때리는 소리와 쇠를 녹이는 용광로의 일이라 여깁니다. 인간이 뭔가를 잘못했기에 내린 징벌이 아니라고 말하고 싶었는지도 모릅니다.

그럼에도 고대 그리스의 자연철학자들은 이유를 신에게 돌리고 싶지 않았습니다. 아리스토텔레스는 지하의 바람, 프네우마가

지하 통로를 따라 이동하면서 발생하는 현상이라 주장하지요. 또 엠페도클레스는 4원소의 상호작용으로 설명합니다. 스트라본도 지리학자로서 화산에 관심이 많았지요. 그런데 이들이 주로 관찰한 것은 시칠리아의 에트나 화산입니다. 그리스 본토에는 활동하는 화산이 없었거든요. 이런 이유로 그리스보다는 로마가 화산에 더 관심이 많았고, 그런 영향으로 현대 영어 등의 화산 관련 학술 용어도 주로 라틴어 불카누스에서 연유합니다.

| 기억해야 할 어휘 |

*불카누스^{Vulcānus}
로마 불·화산·파괴의 신.
(매년 8월 23일 불카날리아 제의로 제물 바침.)
*불카날리아^{Vulcanalia}
불카누스에게 제물을 바치는 로마 축제.
화재·화산·지진 재앙을 막기 위한 의례.
*미케네 문명$^{\text{Mycenaean Civilization}}$
기원전 1600~1100년 청동기 문명, 트로이 전쟁의 배경.
멸망 후 '그리스 암흑기'로 진입.
*그리스 암흑기$^{\text{Dark Age}}$
기원전 1100~800년, 경제·문화 쇠퇴기.
호메로스 『일리아드』, 『오디세이아』 구전·정리.
*테라 화산 폭발$^{\text{Thera Eruption}}$
기원전 1600년경 산토리니(테라) 대폭발.
화산재·해일·기근으로 미노아 문명 급격히 쇠퇴.
*헤파이스토스^{Ηφαιστος}
그리스 불·대장장이 신.
화산의 불길과 대장간의 불을 상징.
*에트나·베수비오 화산
시칠리아·캄파니아 지역의 활화산.
로마인들에게 불카누스의 현현^{顯現}으로 여겨짐.

| 곱씹을 문장 |

테라가 울리며 미노스가 사라지다.

Thera tonante, Minoa evanescit.

바람이 바꾼 계절, 바람이 남긴 꽃

익명 로마 화가, 〈제피로스의 모습〉, 기원후 1세기경, 나폴리 국립 고고학 박물관

제피로스 | 서풍

그리스와 이탈리아는 전형적인 지중해성 기후입니다. 여름에는 건조하고 덥고, 겨울에는 그리 춥지 않고 비가 많이 오죠. 그래서 그리스인이나 로마인이나 짧은 옷을 즐겨 입습니다. 그리스인들이 입던 키톤(χιτών)은 아주 간단한 옷입니다. 큰 천 가운데 동그란 구멍을 냅니다. 그리고 천을 반으로 접죠. 그 구멍이 머리가 나오는 구멍입니다. 천 앞뒤가 상체와 하체 일부를 덮죠. 그리고 줄로 허리를 묶기도 하고, 옆쪽을 바느질해서 입기도 합니다. 아주 간단한 옷이죠. 이 옷은 로마로 전수되어 투니카tunica가 됩니다. 옷 모양은 별로 변하지 않았고 이름만 바뀌었죠. 이후 투닉tunic이라 불리며 서양 전체로 전파됩니다. 지금의 상의와 비교하면 길이가 길고, 어깨에 솔기가 없는 정도의 차이가 있습니다. 아무래도 바지 없이 입었으니까요.

여성용 의복도 키톤과 투니카인 건 같습니다만 길이가 좀 깁니다. 남성용이 무릎 정도까지 오는 길이라면, 여성용은 발목까지 오는 경우가 대부분이었습니다. 물론 여름에는 무릎길이도 있었다고 하더군요. 또 폭이 넓고, 허리에 벨트를 매어 주름을 잡기도 합니다. 남성용에 비해 소매가 있는 경우가 더 많았고요.

물론 귀족 같은 상류층은 키톤이나 투니카 위에 다시 긴 옷을 입습니다. 그리스에선 히마티온ἱμάτιον이라 불렀습니다. 크고 긴 천인데, 여름에는 얇은 린넨, 겨울에는 양모로 만든 걸 입었다고 합니다. 로마에선 에트루리아에서 유래한 토가^{toga}를 입었습니다. 히마티온과 비슷하지만 조금 더 길고, 모양은 반원형입니다. 입는 방식도 나름 정해져 있고 복잡해서 노예의 도움을 받아야 할 정도였다고 하죠. 상류층 폼을 잡는다고 이렇게 옷을 겹쳐 입으면 아무래도 여름에는 상당히 더웠겠죠. 물론 여름철 옷은 얇은 린넨 등으로 만들고 느슨하게 걸쳐 통풍이 잘되도록 했겠지만, 덥지 않은 건 아니죠. 그래서 로마 귀족들은 부채를 부치는 노예가 있었습니다. 이들을 플라벨리페르^{flabellifer}라 했지요. 바람(플라브룸)에서 파생된 부채^{flabellum}를 부치는 사람이란 뜻입니다. 플라벨룸은 이후 기독교에서 교황과 주교의 권위를 상징하는 부채 이름으로도 쓰입니다. 물론 더운 곳에선 부채를 든 이들이 왕이나 귀족의 뒤에서 권위를 상징하는 것이 드문 일이 아닙니다. 이집트나 메소포타미아 모두 마찬가지였죠.

  이렇게 그리스와 로마가 여름에 건조하고 더운 것은 아프리카 때문입니다. 사하라 사막에서 만들어진 뜨겁고 건조한 고기압이 지중해와 남유럽을 지배합니다. 하지만 그 위로는 유라시아 대륙의 저기압이 나름의 세력을 가지고 있습니다. 바람은 저기압에서 고기압으로 붑니다. 에테시안^{ἐτησίαι}이라 부릅니다. 이 바람이 여름철 그리스의 바닷사람들에게 큰 도움이 되죠. 가끔은 아주 뜨겁고 건조한 바람이 남에서 불어오는데 그리스에선 노토스^{Νότος}, 남풍의 신이 관장한다고 여겼습니다.

가을이 되면 대륙과 바다의 온도차이가 줄어들면서 바람이 제멋대로 붑니다. 그 와중에도 에우로스^{Εὖρος}라 하는 동에서 부는 바람이 점점 잦아집니다. 겨울이 온화하고 비가 많이 오는 건 대서양에서 시작된 편서풍이 불어오기 때문입니다. 그리고 여름 내내 뜨거웠던 지중해도 열을 방출합니다. 이 둘이 만나면서 비구름이 형성되죠. 그래서 지중해의 겨울은 습합니다. 하지만 겨울에도 편서풍이 주춤하면 북쪽에서 차가운 바람이 안 올 순 없죠. 이 바람을 보레아스^{Βορέας}라고 합니다. 특히 발칸반도의 북쪽에서 이탈리아와 그리스 사이 아드리아해로 부는 보라^{Bora}는 아주 차갑고 강력한 바람으로 유명합니다. 아드리아해의 배들을 긴장시키죠.

봄을 알리는 건 순한 서풍입니다. 제피로스^{Ζέφυρος}죠. 지중해 해류의 영향으로 온화한 바람이 서에서 동으로 사람들의 마음과 몸을 녹이며 다가옵니다. 제피로스는 순한 느낌이지만 뜻밖에도 살인과 관련이 있습니다. 어느 한때 아폴론은 스파르타의 아름다운 왕자 히아킨토스와 사랑에 빠집니다. 둘은 매일 동에서 서로 가며 원반을 던지며 놀죠. 그런데 매일 서에서 동으로 가며 이들과 마주치던 제피로스가 그만 히아킨토스에 연정을 품고 맙니다. 그러거나 말거나 아폴론과 히아킨토스는 나날이 서로를 의지하며 기대는 모습만을 제피로스에게 보여주죠. 여느 날과 다름없던 어느 날, 다시 둘과 마주친 제피로스는 마음을 삭이며 이들을 지나치려다 아뿔싸 뒤를 돌아보고 맙니다. 히아킨토스가 아폴론을 향해 짓는 환한 웃음에 그만 이성을 상실하고, 강한 서풍을 보내고 맙니다. 아폴론이 히아킨토스를 향해 던진 원반이 방향을 바꾸어 머리를 강타하고, 젊은 왕자는 순식간에 절명합니다. 머리에서 흘린 피에서 히아신스꽃이 피었다고 하죠.

제피로스는 '매우'를 뜻하는 '자'와 '나르다, 운반하다'를 뜻하는 '페로'가 합성된 단어라는 것이 가장 유력합니다. 즉 뭔가를 강하게 운반하는 바람이란 뜻이죠. 따뜻한 공기를 서쪽에서 운반한다는 의미도 있고, 씨앗을 퍼뜨리는 역할도 있고, 항해에 유리한 바람이란 의미도 있습니다. 신화에서도 제피로스는 식물의 여신인 클로리스와 결혼해서 카르포스(열매)를 낳았다고 하니 그가 나르는 건 생명이라 여길 수도 있겠습니다. 하지만 우리에게 남은 신화로는 질투에 의한 죽음이로군요.

에테시안은 '해, 년'을 의미하는 에토스에서 파생한 단어로 '매년 부는 바람'이란 의미입니다. 즉 매년 규칙적으로 부는 계절풍이란 거죠. 노토스는 '습한, 젖은'이란 뜻의 노티오스에서 파생했습니다. 이름만 들어도 습기를 잔뜩 머금은 바람 느낌이지요. 에우로스는 '넓은, 광대한'이란 뜻의 에우루스에서 유래합니다. 보레아스는 '탐욕스러운, 게걸스러운'이란 뜻의 그리스어 보로스에서 유래한 것으로, 강하게 휘몰아치는 모습을 연상시키죠.

로마에서는 그리스어 이름을 차용하기도 하고, 자기네가 원래부터 부르던 고유의 이름으로 부르기도 했습니다. 그런데 이름의 유래가 그리스와는 사뭇 다릅니다. 북풍은 아퀼로^{Aquilo}, 셉텐트리오^{Septentrio}인데, 아퀼로는 '어둡다, 검다'는 의미의 아퀼루스에서 온 것으로 어두운 구름을 동반하는 폭풍우의 모습을, 셉텐은 7이고 트리오네스는 황소이니 합치면 북두칠성, 즉 바람이 불어오는 곳의 하늘을 지칭하죠. 남풍은 아우스테르^{Auster}로 '빛나다, 불타다'를 의미합니다. 뜨겁고 건조한 남풍이 불어오면 불이 많이 나기 때문이었을까요? 서풍은 파베레^{favere}에서 유래한 파보니우스^{Favonius}로 '호의적인 바람'이란 뜻입니다. 그리스 사람들만큼 로마인들도 서풍을 좋아했나 봅니다. 동풍은 울투르누스^{Vulturnus}인데 '독수리^{vultur}'와 연관이 있다는 설도 있고, 아펜니노 산맥의 울투르누스강과 관련이 있다는 설도 있는데 정확한 어원은 불분명합니다. 동풍을 뜻하는 수브솔라누스^{Subsolanus}는 '태양 아래에서 오는'이란 뜻입니다. 동쪽에서 온다는 거죠.

한편 폭풍에 대해선 따로 이야기합니다. 튀폰(Τυφῶν)은 가이아와 타르타로스의 자식으로 티탄 신족인데, 제우스와의 전투에서 패배하고 에트나산 아래 갇힙니다. 그 후 튀폰의 분노가 폭풍을 만든다고 여겼습니다. 그의 몸부림은 지진이 되고, 숨결은 화염과 연기로 화산 폭발을 만듭니다. 그리고 분노는 하늘을 흔들어 폭풍을 일으킨다고 여겼죠. 사실 그리스나 로마는 태풍이 부는 지역이 아닙니다. 태풍은 열대 지방의 큰 바다에서 만들어지는데 주변에 그런 바다가 없으니까요. 현대 영어의 태풍^{typhoon}과 비슷한데, 어원 관계는 좀 희미합니다. 저는 어릴 적 태풍을 음차한 것이 타이

푼이라 알았습니다. 아랍어 '투판'도 비슷한 형태고 힌두어 '투판'도 그렇습니다. 언어학자들 사이에서도 뭐가 어원인지는 갈리는데, 주로 중국어의 음차라고 여긴답니다. 로마에선 폭풍의 여신이 있었죠. 템페스타스^{Tempestas}입니다. 로마 함대가 폭풍으로 박살이 났을 때 군단장 스키피오가 이 여신을 기리는 신전을 지어 바쳤죠. 여기서 폭풍을 의미하는 '템페스트^{tempest}'가 유래하는 건 다들 아실 거고요.

하지만 고대 그리스의 자연철학자들은 바람을 신격화하거나 신의 일이라고는 전혀 생각하지 않았지요. 뭐든 자연 자체에서 답을 찾는 자연철학자다운 모습입니다. 아낙시만드로스는 공기의 흐름이 태양의 운동과 관련이 있다고 주장하면서 공기가 희박해지거나 응축되면서 바람이 발생한다고 말합니다. 현대 기상학의 기압 차에 의한 바람 개념과 상당히 유사하죠. 아리스토텔레스는 『기상학』에서 바람을 '건조하고 차가운 증기의 흐름'이라고 정의하면서, 건조한 증기가 바람의 원인이라고 설명합니다. 폭풍은 땅속에 갇힌 건조한 증기가 큰 압력으로 빠져나올 때 발생한다고 보았죠. 아리스토텔레스의 후계자인 테오프라스토스는 지형과 바람의 관계, 계절별 바람의 특성 등을 자세히 다룹니다. 물론 완전히 마음에 드는 설명일 수야 없지만, 신화에서 일보 전진하는 모습 자체가 중요하지요.

| 기억해야 할 어휘 |

*키톤 χιτών
고대 그리스의 간단한 의복 → 큰 천에 구멍을 뚫어 앞뒤로 걸치고 허리에 묶어 입음.
로마로 전해져 투니카 tunica → 현대 영어 tunic의 어원.

*에테시안 ἐτησίαι
매년 여름 불어오는 계절풍 → 에게해 항해자들에게 방향을 알려주던 바람.

*보레아스 Βορέας
북풍의 신 → 차갑고 거센 바람, 아드리아해에 폭풍을 몰고 옴.

*제피로스 Ζέφυρος
서풍의 신, 부드럽고 따스한 봄바람 → 계절을 바꿔주는 바람.
히아킨토스 신화에서 질투와 후회의 바람으로 등장.
(어원: ζά '매우' + φέρω '나르다' → '세게 운반하는 바람'.)

*히아킨토스 Ὑάκινθος
스파르타 왕자, 아폴론과 친구 → 제피로스의 질투로 죽음.
그의 피에서 히아신스꽃이 피었다는 신화.

*클로리스 Χλωρίς
꽃의 여신 → 제피로스와 결혼, 열매의 신 카르포스의 어머니.

*카르포스 Καρπός
열매·수확의 신 → 제피로스와 클로리스의 아들.
풍요와 생명의 결실을 상징.

| 곱씹을 문장 |

서풍과 함께 봄이 온다.

Ver cum Zephyro advenit.

나의 세계를
여는 말

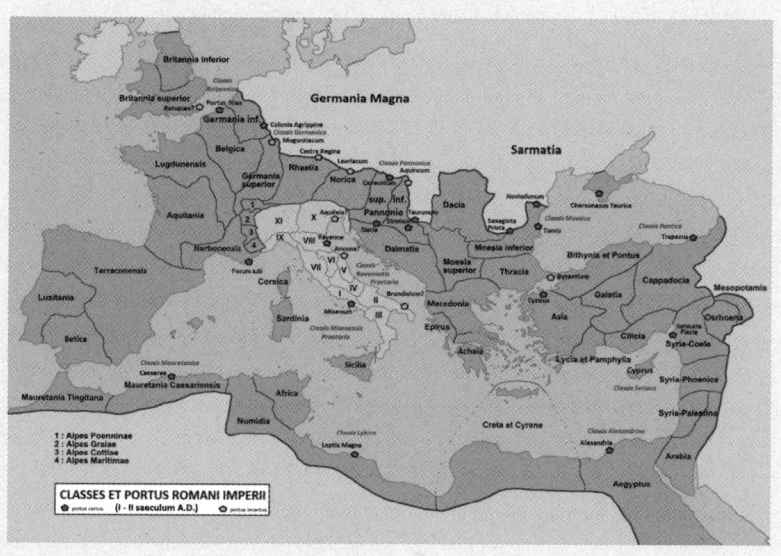

로마제국의 속주와 항구 지도 (1–3세기), Wikimedia Commons

마레 | 바다

그리스인들은 사실 처음부터 바다 사람이었죠. 땅은 가파르고 건조해서 성에 찰 만한 작물을 재배하기 힘들었습니다. 올리브와 포도가 겨우 가능한 작물이었죠. 바다로 나가야 합니다. 물고기를 잡고, 해상 무역을 합니다. 페니키아와의 경쟁에서도 이깁니다. 에게해의 주도권을 쥐죠. 로도스섬에서 보스포루스해협에 이르기까지 에게해의 수많은 섬은 대부분 그리스의 식민지가 됩니다. 그리스인들은 에게해가 자신들의 바다였죠.

그리스가 에게해의 패자가 된 결정적인 사건은 사실 페르시아와의 전쟁이라고 봐야겠죠. 그런데 사실 그리스가 에게해를 장악하는 과정에서 가장 큰 도움을 준 것도 페르시아라고 봐야 합니다. 그리스 이전 지중해 무역을 장악한 것은 페니키아인입니다. 지금의 레바논과 이스라엘, 시리아 남부의 해안 지역, 즉 레반트에 여러 도시국가가 번성합니다. 그들은 스스로를 가나안이라 불렀죠. 성경에 나오는 그 가나안입니다. 이들은 북아프리카의 카르타고, 이탈리아의 제노바, 시칠리아의 시라쿠사, 크레타섬에 식민지를 건설했고, 멀리 스페인의 가디르, 심지어 대서양의 카나리아 제도까지 뻗습니다. 선박 건설과 운영 기술이 아주 뛰어났죠. 그런데 이들이 사는 장소가 문제였습니다. 레반트—이집트 지배를 받다가 이집트가 주춤하자 독립했는데, 이번에는 바빌로니아의 지배를 받습니다. 구약 성경의 바빌론 유수 기억하시죠? 당시 이스라엘만 당한 것이 아니라 이들 가나안, 페니키아인들도 마찬가지였죠. 바빌로니아에게 해상 무역은 그리 중요한 것이 아니었습니다. 이집트와 메소포타미아 그리고 인도를 잇는 육상 운송이 주요했지요. 페니키아의 해상 무역에 소홀할 수밖에 없습니다. 그래도 버틸 만했던 페니키아는 바빌로니아의 뒤를 잇는 페르시아의 지배를 받으면서 더 쪼그라듭니다.

그 틈을 타고 지중해의 패권을 차지한 것이 그리스죠. 그리스 본토만이 아니라 이탈리아, 시칠리아, 소아시아 등 동지중해를 중심으로 활발한 식민 사업을 벌이며 페니키아의 대체재가 됩니다. 그리고 결정적으로 페르시아와의 해상전투가 벌어지죠. 이 전투에 페니키아 배들도 페르시아 쪽으로 동원되었다가 박살이 나면서 레반트 지역의 페니키아 도시들은 결정적으로 몰락합니다.

이들을 페니키아라 부른 것은 그리스죠. 그리스어로 포이니케인데 '진홍색, 자주색'을 의미합니다. 이들이 가장 많이 파는 상품이 자기들이 만든 자주색 염료, 티리안 퍼플이었기 때문이죠. 엄청나게 비싸 왕과 귀족들만 사용하는 색상이었죠. 로마 사람들도 그리스어를 차용해 포에니키아^{Phoenicia}라 부릅니다. 페니키아의 식민지였던 카르타고를 부를 때도 포에니^{Poeni}라고 부르죠. 그래서 카르타고와 로마 사이의 전쟁이 포에니전쟁이라 부릅니다.

사실 표음문자인 그리스어 알파벳도 이들 페니키아에서 유래한 것일 정도로 그리스는 페니키아의 영향을 많이 받았습니다. 특히 항해나 선박, 항구, 등대, 무역 시스템, 해상전투 기술 등과 관련해서는 아주 큰 도움을 받았지요. 그중 천문 항법 체계—쉽게 말해서 하늘의 별을 보며 길을 찾는 건 아주 중요했습니다. 이를 통해 그리스인들은 연안 항해를 벗어나 먼바다로 나갈 수 있었지요. 또 페니키아의 선박 관련 기술은 당시 최고였고, 이를 받아들여 발전시킨 덕분에 페르시아와의 전쟁에서 이길 수 있었지요.

페니키아에게 뭘 물려받든 말든 그리스인이 뼛속부터 해양인이었던 것과 달리 로마인은 태생이 농경민족이었습니다. 처음 도시국가로 시작할 때도 그렇고, 이탈리아 전체로 영역이 넓어졌을 때도 마찬가지죠. 하지만 갈리아를 정복하고, 시칠리아를 흡수하고, 지중해 전역으로 영향력을 넓히는 과정에서 해군력은 필수가 되었습니다. 시칠리아를 두고 카르타고와 한바탕 싸우고, 다시 한니발과 두 번째 싸우면서, 이집트와 소아시아 지역을 거두고 스페인과 브리튼까지 야금야금 먹으면서 남유럽과 북아프리카, 레반트 지역 등 지중해를 둘러싼 거의 모든 해안이 로마 땅이 됩니다. 제국 로마는 지중해를 '우리의 바다, 마레 노스트룸Mare Nostrum'이라 부릅니다. 흔히 말하는 팍스 로마나는 팍스 지중해였기도 합니다. 지중해 전체에서 해적질이 줄어들고, 북아프리카와 시칠리아, 로도스, 그리스, 레반트, 스페인, 갈리아 남부 등 전 해안에서 활발한 해상수송이 제국을 배경으로 이루어집니다.

당연히 현대 영어의 배나 항해와 관련된 많은 용어가 그리스어와 라틴어에서 기원합니다. 배의 중심이 되는 용골^{keel}은 '속이 빈'을 뜻하는 그리스어 코일로스^{κοῖλος}에서 유래하고, 돛^{mast}은 '기둥, 높이 솟은 것'을 의미하는 마스토스^{μαστός}에서 유래했습니다. 닻^{anchor}도 안큐라^{ἄγκυρα}에서 유래하죠. 또 '해양의^{nautical}'는 '선원과 관련된'이란 뜻의 그리스어 나우티코스^{ναυτικός}에서, '항해하다^{navigate}'는 '배^{navis}'와 '이끌다^{agere}'를 합친 라틴어 나비가레^{navigare}에서 유래하죠.

배의 방향타를 그리스어로 페돈^{πηδόν}이라 하고, 이 키를 조종하는 사람을 페도테스^{πηδώτης}라 합니다. 이 말이 라틴어로 필로투스^{pilotus}가 되고, 현재의 파일럿^{pilot}이 되었죠. 또 조타수, 키잡이를 의미하는 다른 단어로 키베르네테스^{κυβερνήτης}도 썼는데, 노버트 위너가 이 단어를 차용해서 사이버네틱스란 용어를 만들기도 합니다.

바다와 해안 지형 관련 단어의 어원이 대부분 그리스어이거나 라틴어인 이유도 같습니다. 그리스 신화의 바다 신 오케아노스가 라틴어 오케아누스^{oceanus}를 거쳐서 현재의 바다^{ocean}가 되었습니다. 바다가 육지 안쪽으로 들어간 지형을 뜻하는 '만'은 그리스어 콜포스^{κόλπος}가 라틴어 콜푸스^{colpus}가 되었다가 후기 라틴어에서

골포^{golfo}로 변형된 후 현재 영어의 걸프^{gulf}가 되었습니다. 재미있는 것이, 아라비아반도와 이란 사이의 만을 '걸프만'으로 부르는 겁니다. 이건 '만만'이 되는 거죠. 이유는 원래 '페르시아만'으로 부르는 경우가 대부분이었습니다만, 이란과 척을 진 수니파 주변국들이 이란 혁명 이후 '아라비아만'이라 부르는 겁니다. 그러니 양쪽에게 책 잡히고 싶지 않은 서방 국가들이 'The Gulf'라고 부르기 시작합니다. 그런데 이걸 번역하면서 '걸프만'이라 부르면서 희한한 명칭이 된 겁니다. 만을 뜻하는 또 다른 영어로 '베이^{bay}'가 있죠. 일상에서는 이쪽이 오히려 자주 쓰입니다. 이는 해안의 굽은 부분을 의미하는 라틴어 바이아^{baia}에서 유래한 것이죠.

섬 또한 다르지 않습니다. 그리스어로 섬은 네소스^{νῆσος}라고 했습니다. 이 말에 육지를 뜻하는 케르소스를 앞에 붙여 케르소네소스^{χερσόνησος}를 '반도'라고 했지요. 라틴어에선 섬은 인술라^{insula}이고, 반도는 '거의'를 뜻하는 파에네를 앞에 붙여 파에닌술라^{paeninsula}라고 합니다. 여기에서 현대 영어의 섬^{island}과 반도^{peninsula}가 유래합니다. 아, 섬의 원래 어원은 게르만어입니다. 중세 때만 해도 igland라고 했지요. 그런데 학자들이 라틴어 인술라와의 연관성을 잘못 추측해서 그만 s를 넣어버린 겁니다. 대신 g를 빼고요. 결과적으로 island가 되었는데, 원래 발음에는 s가 없으니 그냥 묵음이 되어버렸지요. 또 섬이다 보니 '고립되었다'는 의미가 담긴 단어들도 많이 있습니다. 대표적인 것이 인슐린^{insulin}, 단열하다·고립시키다의 insulate, '고립된·편협한'이란 뜻의 insular 등입니다.

여담으로 그리스에는 '-소스'나 '-ος'가 붙는 경우가 많습니다. 대표적인 것이 로도스섬, 레스보스섬 같은 섬, 케르소네소스(반도)나 파르나소스(산), 타이게토스(산맥) 같은 지형 용어, 코린토스, 델로스, 사모스 같은 도시국가 이름이 대표적이죠. 이는 대부분 남성 명사의 주격 형태입니다. 지명·국가명에 대부분 남성형을 썼다는 거죠. 라틴어의 경우 남성 명사의 어미는 '-us'입니다. 그래서 그리스 남성 주격 어미를 가진 '-os'가 주로 '-us'로 바뀝니다. 코린토스가 코린투스가 된 것처럼요. 또 라틴어 지명 끝을 보면 이게 남성 명사인지, 중성 명사인지, 아니면 여성 명사인지를 대충 알 수도 있습니다. 가령 남성 명사에는 론강^{Rhodanus}, 라인강^{Rhenus}, 베수비오 화산^{Vesuvius}이 있고, 중성 명사에는 라티움^{Latium}, 밀라노^{Mediolanum}, 리옹^{Lugdunum}이, 여성 명사에는 로마^{Roma}, 카푸아^{Capua}, 오스티아^{Ostia}가 있지요. 눈치채셨나요?

| 기억해야 할 어휘 |

*마레^{Mare}

라틴어 '바다'.

로마인이 지중해를 "마레 노스트룸$^{Mare\ Nostrum,\ 우리의\ 바다}$"이라 부름.

제국의 심장, 로마 평화$^{Pax\ Romana}$의 기반.

*마레 노스트룸$^{Mare\ Nostrum}$

"우리의 바다"라는 뜻.

지중해 전체를 로마의 영역으로 인식.

해상로 장악 = 제국의 존속 조건.

*페니키아^{Phoenicia}

지중해 동부의 해양 무역 민족.

항해술·천문 항법·선박 건조술의 대가.

레반트 해안도시국가(시돈, 티레 등) + 북아프리카 카르타고까지 식민지 건설.

*에게해$^{Aegean\ Sea}$

그리스 문명의 바다.

에게해 제도와 해협 장악 = 그리스 패권 확립.

페르시아 전쟁 후 그리스 함대의 지배권 확보.

*나비가레^{navigare}

라틴어 '항해하다'.

(navīs: 배 + agere: 이끌다.)

→ 오늘날 navigate, navigation의 어원.

*안쿠라^{ἄγκυρα}

그리스어 '닻'.

→ 영어 anchor의 어원.

*페돈^{πηδόν}

그리스어 '배의 방향타'.

항해에서 진로를 잡는 도구.

→ 현대어 rudder, 비유적으로 '방향·길잡이' 의미.

*키베르네테스^{κυβερνήτης}

그리스어 '키잡이, 조타수'.

→cybernetics(사이버네틱스), governor(통치자)의 어원.

*인술라^{insula}
라틴어 '섬'.
→island, insular(편협한·고립된), insulate(단열하다)의 어원.

| 곱씹을 문장 |

하나의 바다에 두 왕은 없다.

In uno mari, non duo reges.

강,
경계와 흐름의 언어

〈아켈로오스 머리 형상의 도자기〉, 기원전 6세기 중엽, 뉴욕 메트로폴리탄 미술관

아켈로오스 | 강의 신

홍수 이야기가 나온 김에 강에 대해서도 좀 더 살펴보죠. 그리스 신화에서 가장 중요한 강의 신은 아켈로오스입니다. 그리스와 에피루스를 가로지르며 흐르는 아켈로오스강의 신격화라 볼 수도 있습니다. 물론 아켈로오스강이 신격화되었다면 다른 강의 신도 있겠죠. 테살리아 지방 강의 신은 페네이오스, 베오티아와 코린토스는 아소포스, 트로이는 스카만드로스 등이 강의 신이었습니다. 전체적으로 약 3,000명이나 되었다고 하는데, 대부분 티탄 신인 오케아노스와 테티스의 자녀들입니다. 오케아노스는 육지를 둘러싼 해양, 혹은 거대한 강의 신이고, 테티스는 대지의 여신이니 이들의 자녀가 강의 신인 건 신화의 논리상 당연한 전개이겠습니다. 이들 강의 신은 보통 황소 모습을 한 사람의 형태였습니다. 다들 미노타우루스였던 건 아닙니다. 다른 문화권에서도 강을 황소의 모습으로 표현하는 건 흔한 일입니다. 메소포타미아에서 티그리스강과 유프라테스강을 수호하는 신 '아프수'는 종종 황소의 모습으로 등장하고, 나일강의 신 '하피'도 황소의 힘과 관련되어 묘사됩니다. 갠지스강의 거센 흐름도 황소의 모습으로 표현하죠. 거센 강의 흐름을 강력한 힘을 지닌 황소로 표현한 것이라 여겨집니다. 물론 강한 힘을 가진 짐승은 호랑이나 사자, 코끼리 등도 있습니다만, 풍요와 농사의 원천인 강을 맹수나 코끼리로 표현하는 것보다는 가축인 황소가 더 제격일 수밖에 없겠죠. 또 황소 울음소리도 강물이 거세게 흐르는 소리와 비슷하고, 굽이치는 모습은 황소의 뿔과 닮았다고 생각했을 수도 있고요.

강은 또한 경계이기도 합니다. 다리도 없어 나룻배만이 강을 건널 수 있는 유일한 수단이던 시절, 강은 이쪽과 저쪽을 확실하게 나눌 수밖에요. 이런 경계라는 의미가 확장되어 이승과 저승의 경계가 되기도 합니다. 성경에선 요단강을 건너간다고 하고, 우리나라에는 삼도천이 있지요. 이집트에선 나일강이 현세와 저승을 연결하고, 북유럽에선 기욀강이 생명의 세계와 헬헤임(저승)을 구분합니다. 그리고 그리스에는 스틱스^{Στύξ}강이 있습니다. 스틱스는 '혐오스러운, 무서운'이란 뜻의 스투게오^{στυγέω}를 어원으로 합니다. 저승을 가는 일은 어지간히 무서운 거지요. 라틴어로도 그냥 스틱스^{Styx}라고 합니다. 스틱스는 또 그 강의 여신 이름이기도 합니다. 물론 오케아노스와 테티스의 자녀죠. 하지만 로마 신화 작가 하기누스에 따르면 녹스와 에레보스의 딸이라고도 합니다. 녹스는 밤이고 에레보스는 어둠이니 이쪽도 딱히 어울리지 않는 건 아닙니다.

이 스틱스는 또한 대단히 강력한 맹세를 상징합니다. 스틱스강에 대한 맹세는 신조차도 어길 수 없었다고 하죠. 어찌 보면 당연하달 수 있습니다. 죽음을 두고 맹세하는 거니까요. 또 스틱스는 경계입니다. 경계는 양쪽 세계의 힘이 만나는 지점이죠. 거기다 스틱스를 건너는 것은 불가역적인 여정입니다. 이에 대한 맹세 또한 불가역적인 것이죠. 데메테르가 제우스에게 딸 페르세포네를 일 년 중 절반은 지상 세계에, 나머지 반은 하데스와 지내게 해달라고 요구할 때 맺은 맹세라든가, 아폴론이 팔라스를 실수로 죽인 후 아테나에게 한 보상의 맹세, 디오니소스가 헤파이스토스를 올림포스로 데려오기 위해 한 맹세 등이 있죠.

그런데 한 가지 더, 그리스 신화에 나오는 저승의 강은 하나가 아닙니다. 많게는 다섯 개의 강을 건너야 하죠. 죽은 사람이 가장 먼저 당도하는 곳은 아케론^{Ἀχέρων}강입니다. 저승으로 들어가는 첫 관문인 셈입니다. 여기서 뱃사공 카론을 만나 동전을 주고 강을 건넙니다. 그러면 비로소 저승의 입구가 나오죠. 머리 세 개 달린 개 케르베로스가 지키고 있습니다. 이제 스틱스강을 건너면서 본격적으로 죽은 자의 영역으로 들어가는데, 다음부터는 길이 갈립니다. 살아 착했던 이는 바로 엘리시움으로 향합니다. 그리스식 천국입니다. 이들은 선택권이 있습니다. 영원히 엘리시움에 머물 수도 있고, 환생할 수도 있지요. 새로운 삶을 살려는 영혼은 다시 망각의 강, 레테^{Λήθη}강으로 갑니다. 여기서 강물을 마시면 이전의 기억을 완전히 잃고 새로 태어나게 되죠. 반면 나쁜 짓을 많이 했던 이들은 비탄의 강, 코키토스^{Κωκυτός}에서 고통을 받고, 다시 불타는 강, 퓌리플레게톤^{Πυριφλεγέθων}강에서 불에 타며 정화의 고통을 겪습니다. 그러고도 다시 그리스식 지옥인 타르타로스로 가서 고통에 시달려야 되지요.

이런 강물과 관련하여 아리스토텔레스가 나섭니다. 그는 『기상학』에서 물의 순환에 대해 나름 설명하지요. 일단 물의 증발에는 습한 증발과 건조한 증발 두 가지가 있다고 여깁니다. 습한 증발은 차갑고 습한 성질을 가지는데, 주로 물에서 발생하는 증발입니다. 여기서 구름과 안개, 비, 눈, 우박, 이슬과 서리가 만들어집니다. 반면 마른 증발은 뜨겁고 건조한 성질을 가지고 있는데 주로 땅에서 발생합니다. 여기서 번개와 천둥, 유성과 혜성, 바람, 지진이 만들어집니다. 마른 증발이 더 가벼워서 위쪽에 위치하고, 습한 증발은 아래쪽에 머뭅니다. 습한 증발이 위쪽 차가운 대기에서 응결되면 구름이 됩니다. 그리고 더 큰 물방울이 되면 비가 되고, 얼면 눈이 되지요. 우박은 이미 만들어진 물방울이 급격히 얼면서 생긴 현상이고요.

산은 스펀지처럼 공기 중의 수분을 모아 응결시키고, 응결된 물은 지하로 스며들어 지하수가 됩니다. 큰 산이 많은 강의 발원지가 되는 이유이지요. 그래서 지하수는 강물이 되고, 강물은 바다에 모입니다. 그리고 다시 바닷물이 증발하는 과정에서 물의 순환이 완성되지요. 이런 아리스토텔레스의 물 순환 모델은 중세를 지나 현대 기상학이 자리할 때까지 서양 기상학 그 자체였다고 볼 수 있습니다.

여기서 습한 증발은 그리스어로 아트미스 입니다. 그리스어로 증기는 아트모스라고 하는데 둘이 비슷하죠? 어원이 같아서입니다. 아트모스에서 공기·증기와 관련된 용어의 접두어 'atmo-'가 유래합니다. 대기권, 증발계, 기체 분리 등에 두루 쓰이죠. 건조한 증발은 아나튀미아시스^{ἀναθυμίασις}입니다. '위로'라는 뜻의 '아나^{ἀνά}'에 '연기'를 뜻하는 '튀미아시스^{θυμίασις}'를 합친 말입니다. 습한 증발은 라틴어로 바포르^{vapor}, 건조한 증발은 엑스할라티오 시카$^{exhalatio\ sicca}$라 했습니다. 여기서 현대 영어의 '베이퍼^{vapor}'가 유래하고, 증기와 관련한 용어들도 파생됩니다.

그런데 흐르는 물이라고 모두 경계를 만들고, 거대한 물줄기의 위용을 뽐내기만 하는 것은 아니겠지요. 그저 다리 정도만 건너면 될 작은 시내들도 있지요. 그리스어로는 뤼악스^{ῥύαξ}, 라틴어로는 리부스^{rivus}라고 했습니다. 뤼악스와 리부스는 발음이 비슷해 보이지만 서로 어원이 다릅니다. 라틴어 리부스와 현대 영어의 강^{river}이 비슷하지만, 이는 어원 관계가 아닙니다. 영어 리버는 강변을 뜻하는 라틴어 리파리우스^{riparius}에서 유래한 것이죠. 계절에 따라 물이 흐르기도 하고 마르기도 하는 건천의 경우는 그리스어로 케이마르호오스라고 했는데, 이는 겨울을 뜻하는 케이마와 '흐름'을 뜻하는 로오스의 합성어입니다. 겨울의 흐름이란 뜻이지요. 라틴어로는 토렌스^{torrens}라고 했지요. 토렌스는 현대 영어에서 '급류^{torrent}'로 여전히 살아남아 있습니다.

이런 곳의 신은 이제까지의 신처럼 거창한 이들은 아니지요. 나이아스(Ναϊάς), 크레네(Κρήνη), 페게(Πηγή)라고 합니다. 발음부터 나긋나긋한 느낌이 들지요. 나이아스는 흐르는 물, 개울이나 시내를 다스린다고 믿었습니다. 크레네는 산의 바위틈에서 솟는 샘을 관장합니다. 로마 시대에는 도시의 분수도 보호했다고 하지요. 페게는 평지의 샘을 담당했고, 농업용수도 관리했다는군요. 로마 신화에서도 이들은 별 변화가 없습니다. 라틴어로도 나이아데스Naiades, 크레나에아에Crenaeae, 페가에아에Pegaeae라 합니다. 끝이 '-데스'나 '-아에'가 붙은 건 여성 복수형 어미를 단 거죠. 그런데 사실 크레네, 페게는 이미 그리스어로 복수형태입니다. 이들은 혼자 다니는 경우보다는 같이 활동하는 존재라 여겼기에 신화에선 주로 복수형을 많이 사용했지요. 그런데 라틴어로 넘어오면서 라틴어 복수형 어미를 또 붙인 거죠. '크레네들', '페게들'이 된 겁니다.

이들은 모두 님프입니다. 원래 '결혼하다'라는 뜻의 인도유럽어 어근 'sneubh-'에서 유래했다고 합니다. 그래서 '베일에 가려진 사람'이란 의미도 갖는다지요. 결혼식에 베일을 쓴 신부를 가리키고요. 또 '베일에 가려진 사람'이란 의미는 인간의 눈에 쉽게 보이지 않는 신비로운 존재라는 뜻이기도 합니다. 그리스어로는 님페νύμφη, 라틴어로는 님파nympha인데, 아주 오래 살지만 불멸자는 아니었지요. 큰 강이야 없어질 리가 없다고 생각했으니 불멸의 존재, 신과 닿았습니다만, 시내나 작은 샘물·연못 등은 사라지는 경우가 종종 있으니 완전한 불멸은 아니지요. 물에만 신이 있는 것은 아니니 님프는 나무에도, 들에도, 골짜기에도, 하늘의 구름이나 산들바람, 지하세계 곳곳에 님프가 존재한다고 그리스 사람들은 여겼습니다. 결국 님프는 특정 자연 현상의 신격화가 조금 귀엽게 된 것이라 여겨도 되겠습니다. 한편 토템 신앙과도 연결되고, 물활론과도 연결되는 지점이 있는 거지요. 물활론은 모든 자연물에 영적 존재가 깃들어 있다고 여기는 겁니다. 탈레스가 모든 물질에는 영혼이 있다고 주장한 것도 이런 물활론의 일종이라고 볼 수 있지요. 그리고 님프 또한 마찬가지로 그 장소나 자연물의 영혼 역할을 하는 거지요. 이들은 아마 올림포스 12신으로 체계화된 그리스 신화 이전에도 존재했을 겁니다. 그리고 그리스 신화 안으로 자연스럽게 녹아 들어간 것이겠지요.

| 기억해야 할 어휘 |

*아켈로오스^{Ἀχελῷος}
그리스의 가장 중요한 강의 신 → 아켈로오스강에서 비롯.
강의 신들의 맏형격, 황소 머리를 한 인간의 모습으로 묘사.
풍요와 생명의 상징.

*강의 신들$^{Potamoi, ποταμοί}$
오케아노스와 테티스 사이에서 태어난 3,000명의 강의 신.
테살리아의 페네이오스, 베오티아의 아소포스, 트로이의 스카만드로스 등.

*스틱스^{Στύξ}
그리스 저승의 강 → "혐오, 두려움"에서 유래.
신조차 깨뜨릴 수 없는 맹세의 강.
건너면 돌아올 수 없는 세계로 들어감.

*아케론^{Ἀχέρων}
저승으로 들어가기 전에 건너는 첫 강.
뱃사공 카론에게 동전을 주고 건넌다고 믿음.

*레테^{Λήθη}
망각의 강 → 영혼이 기억을 지우고 새로운 삶으로 환생.

*코키토스^{Κωκυτός}
'울부짖음의 강' → 악한 영혼들이 통곡하는 곳.

*퓌리플레게톤^{Πυριφλεγέθων}
불타는 강 → 영혼이 정화되는 고통의 강.

*카론^{Χάρων}
저승의 뱃사공 → 동전을 받지 못한 영혼은 저승에 들어가지 못함.

*케르베로스^{Κέρβερος}
머리가 셋 달린 개 → 저승의 문을 지키는 존재.

*아트미스^{ἀτμίς}
'습한 증발' → 구름, 비, 눈을 만든다고 본 개념.
영어 atmo- (atmosphere) 어근의 기원.

*아나튀미시아스^{ἀναθυμίασις}
'건조한 증발' → 번개, 바람, 지진을 만든다고 본 개념.

라틴어 exhalatio sicca와 연결 → vapor(증기) 어원.
*나이아데스^{Ναϊάδες}
강·개울·샘의 님프 → 흐르는 물의 신성한 영혼.
*크레네^{κρήνη} / 페게^{πηγή}
바위틈 샘(크레네), 평지 샘(페게) → 모두 신성한 장소로 여겨짐.

| 곱씹을 문장 |

강은 생명과 그림자를 나눈다.

Amnis inter vitam et umbras discernit.

4장

관계를
잇는 말

"관계를 이어주는 건 진심을 담은 풍부한 어휘입니다."

흔들림이 남긴
관계의 말

안니발레 카라치, 〈포세이돈과 암피트리테〉, 1597, 로마 키기 궁전

포세이돈 | 바다의 신

우리는 땅 위에 살지만, 땅은 바다의 숨결에 흔들립니다.

화산과 지진의 띠가 겹쳐 흐르는 곳에서, 바다는 때로 포세이돈의 얼굴로 나타납니다. 삼지창으로 물결을 휘젓는 순간, 대지가 떨리고 도시는 균열을 배웁니다. 고대 그리스는 이 떨림을 '관계'로 이해했습니다. 바다와 땅, 신과 인간, 도시와 도시 사이의 보이지 않는 인연 말이에요.

기원전 464년, 스파르타 대지진이 있었습니다.

도시의 다섯 구역 중 두 곳만 남고, 약 2만 명이 목숨을 잃었습니다(전체 인구의 약 10%). 특히 지배계층인 스파르티아테스 Σπαρτιάται의 피해가 컸죠. 다수였지만 권리를 박탈당한 헬롯 Εἵλωτες들은 반란을 일으켰고, 산으로 도피해 오랜 농성을 벌였습니다.

스파르타는 원군을 요청했고, 아테네는 키몬이 이끄는 중장보병 4천 명을 보냈습니다. 하지만 스파르타는 끝내 아테네군만 되돌려 보냅니다. 이 굴욕은 두 도시의 균열을 돌이킬 수 없게 만들었고, 30년 뒤 펠로폰네소스 전쟁의 서막이 되었죠.

스파르타의 '강건함'은 사실 두려움의 다른 이름이었습니다.

그들이 전업 군인이었던 이유는 외적보다 헬롯을 억압하기 위함이었으니까요.

기원전 373년 헬리케 지진에서는 도시 전체가 바다 밑으로 사라졌고, 기원전 226년 로도스 지진은 고대 7대 불가사의였던 거대한 청동상을 무너뜨렸습니다.

로마제국 시기 서기 115년, 안티오키아 대지진이 동서 무역의 심장을 멈춰 세웠죠. 15만 명이 사망했습니다. 무너진 것은 건물만이 아니었습니다. 비단길과 향신료길, 그리고 초기 기독교 공동체의 네트워크도 함께 흔들렸습니다. 흔들림은 늘 관계를 드러냅니다. 무엇이 우리를 지탱해 왔는지, 무엇이 우리를 갈라놓는지.

그리스인들은 지구가 거대한 물(오케아노스) 위에 떠 있다고 믿었습니다.

그래서 바다가 크게 흔들리면 땅도 흔들린다고 여겼죠. 그 흔듦을 주재하는 이가 포세이돈^{Ποσειδῶν}이라 생각했습니다. 그래서 그는 '대지를 흔드는 자'라는 별칭을 얻습니다.

- 엔노시가이오스^{Ἐννοσίγαιος}: '흔드는 자(엔노시스)' + '대지(가이아)'
- 가이에오코스^{Γαιήοχος}: '대지(가이아)' + '움직이는 자/지키는 자'의 뉘앙스

로마에서는 넵투누스 테라에 쿠아사토르$^{Neptunus\ Terrae\ Quassator}$, 곧 '대지를 흔드는 넵투누스'라 불렀습니다.

바다가 땅을 흔들 때, 신의 이름은 곧 관계의 언어가 됩니다.

지진이 남긴 틈을 그리스어로 카스마^{χάσμα}라 했습니다.

라틴어 chasma, 영어 chasm으로 이어졌죠. 처음엔 땅의 균열을 뜻했지만, 곧 계층 간 격차, 의견의 간극, 감정의 단절을 가리키는 말이 됩니다. 오늘날엔 기술·시장에서도 씁니다.

한때 뉴스를 뒤덮었던 '전기차 캐즘'처럼, 초기를 지나 대중으로 건너가기 전의 깊은 홈을 말하죠.

단어는 사전의 정의를 넘어,

우리가 서로 어떻게 만나고 놓치는지에 대한 지도를 그립니다.

그리스의 강의 신들은 대부분 오케아노스와 테티스의 자녀들입니다.

아켈로오스, 페네이오스, 아소포스, 스카만드로스… 강은 종종 황소의 얼굴을 한 사람으로 그려졌습니다. 울부짖는 소리와 굽이치는 뿔, 그리고 풍요의 이미지가 겹쳤기 때문이죠. 강은 생명의 원천이면서, 동시에 경계였습니다.

저승으로 들어가는 길목에도 강이 놓였습니다.

아케론에서 카론에게 동전을 건네고, 스틱스를 건너면 죽은 자의 세계가 시작됩니다. 기억을 지우는 레테(망각), 울부짖음의 코키토스, 불의 정화를 뜻하는 퓌리플레게톤을 지나 착한 이들은 엘리시움으로, 악한 이들은 타르타로스로.

강은 이렇게 이쪽과 저쪽을 구분하는 문자였어요. 건너는 순간, 더는 같은 내가 아니니까요.

관계를 밝혀주는 단어들이 있지요.

- 엔노시가이오스Ἐννοσίγαιος: 포세이돈의 별칭, 대지를 흔드는 자.
- Neptunus Terrae Quassator: 로마식 '대지를 흔드는 넵투누스'.
- χάσμα → chasm(캐즘): 지진의 틈 → 사회·시장·감정의 간극.
- Styx(스틱스): '혐오/두려움'στυγέω에서 온 말. 돌아올 수 없는 맹세와 경계.
- Helot(헬롯): 스파르타의 농노·노예 계층.
- Peloponnēsos(펠로폰네소스): '펠롭스의 섬'. 지협 하나가 만든 거의-섬.

단어는 사건을 기억하는 그릇입니다.
우리는 그 그릇을 통해 오늘의 관계를 다시 배웁니다.

지진은 도시를, 전쟁은 관계를, 균열은 언어를 남깁니다.
스파르타가 보여준 배척과 굴욕, 안티오키아가 드러낸 네트워크의 취약함, 그리고 바다의 신이 흔든 대지.
우리는 살아가며 수없이 많은 카스마를 만납니다. 일의 속도와 마음의 속도 사이, 가족의 기대와 나의 욕망 사이, 사랑과 두려움 사이. 건너가려면 이름을 먼저 불러야 해요. 이 간극의 이름은 무엇인지, 무엇이 무엇을 흔드는지.

포세이돈이 바다를 흔들 때, 그 속에서 길을 찾는 일은 결국 관계를 배우는 일입니다.

| 기억해야 할 어휘 |

*포세이돈^{Ποσειδῶν}
바다·지진·말의 신 → '대지를 흔드는 자'.
삼지창으로 물결을 휘저어 지진을 일으킨다고 믿음.
로마에서 넵투누스^{Neptunus}로 숭배.

*엔노시가이오스^{Ἐννοσίγαιος}
포세이돈의 별칭 → '대지를 흔드는 자'.
($ἐννοσί$ = 흔들다 + $γαῖα$ = 대지.)

*가이에오코스^{Γαιήοχος}
'대지를 움직이고 지키는 자' → 포세이돈을 가리키는 또 다른 이름.

Neptunus Terrae Quassator
라틴어 '대지를 흔드는 넵투누스' → 로마인들이 포세이돈을 부른 표현.

*카스마^{χάσμα}
땅의 갈라진 틈 → 영어 chasm(캐즘)의 어원.
오늘날 '간극·격차·넘기 어려운 홈'을 뜻하는 말.

*헬롯^{Εἵλωτες}
스파르타의 농노·노예 계층 → 스파르타 사회의 불안 요소.
스파르타 대지진 후 대규모 반란을 일으킴.

*펠로폰네소스^{Πελοπόννησος}
'펠롭스의 섬' → 지협 하나로 연결된 '거의 섬'.
그리스 남부 도시국가들의 무대, 펠로폰네소스 전쟁의 현장.

*스틱스^{Στύξ}
저승의 강 → '혐오·두려움'을 뜻하는 $στυγέω$에서 유래.
신조차 어길 수 없는 맹세의 상징.

*아케론^{Ἀχέρων}
죽은 자가 가장 먼저 건너는 강 → 카론에게 동전을 건네야 건널 수 있음.

*레테^{Λήθη}
망각의 강 → 환생 전 기억을 지우는 강.

*코키토스^{Κωκυτός}
울부짖음의 강 → 죄 지은 영혼들이 통곡하는 곳.

*퓌리플레게톤 Πυριφλεγέθων
불타는 강 → 영혼이 정화의 고통을 겪는 곳.

| 곱씹을 문장 |

땅이 흔들릴 때, 무기들이 일어난다.

Cum terra tremit, arma surgunt.

관계의 중심에서 배우는 말

〈델포이 아폴론 신전의 옴팔로스〉, 기원전 4세기경, 델포이 고고학 박물관 소장

옴팔로스 | 세계의 배꼽

화산 활동이 활발하다는 건 지진의 위험도 짊어지고 산다는 걸 의미합니다. 전 세계적으로 화산대와 지진대는 거의 일치하죠. 더구나 화산 활동이 없는 곳에서도 지진은 일어나고, 화산 폭발의 빈도에 비해 지진의 빈도는 더 높습니다. 그리스와 이탈리아도 예외는 아니었습니다. 문명이 들어선 이래 큰 화산 활동이 없었던 그리스지만 큰 지진은 여러 번 겪습니다. 그중 전쟁으로 이어진 지진이 기원전 464년에 일어난 스파르타 대지진입니다.

아시다시피 스파르타는 아테네와 함께 전성기 고대 그리스를 양분하던 도시국가입니다. 코린토스 지협으로 이어지는 펠로폰네소스반도 쪽의 맹주로 펠로폰네소스 동맹을 주도했죠. 반면 아테네는 코린토스 지협 바로 위, 발칸반도 아래쪽 지역인, 지금은 스테레아 엘라다라 부르는 지역과 에게해 섬의 국가들로 이루어진 델로스 동맹의 맹주였습니다. 육군 중심의 동맹과 해군 중심의 동맹이라고도 볼 수 있겠습니다. 이들이 자리한 펠로폰네소스는 원래 '펠롭스의 섬'이란 뜻입니다. 펠롭스는 그리스 신화의 영웅이고, 네소스는 섬이죠. 반도지만 코린토스 지협이 워낙 가늘어 거의 섬이나 다름없다고 붙은 이름입니다.

이런 스파르타는 사회 구조도 독특했죠. 전체 인구의 5~10%인 지배계층 스파르티아테스^{Σπαρτιᾶται}만이 정치적 권리를 가진 완전한 시민권자였습니다. 태어나면서부터 군사 훈련을 받고 직업은 전업 군인 하나밖에 없었죠. 물론 토지를 가지고 헬롯을 노예로 부릴 권리를 가집니다. 이들 아래에 페리오이코이라는 자유민이 있습니다. '주위의'라는 뜻의 페리와 거주지라는 뜻의 오이코스의 합성어로 '주변에 사는 이'라는 뜻이죠. 전체 인구의 약 20~25% 정도로 주로 무역, 상업, 수공업에 종사하고 군대에도 복무해야 합니다. 그리고 주민 대부분을 차지하는 헤일로테스가 있습니다. 농노, 노예 계층이죠. 전체 인구의 65~70%를 차지합니다.

원래 스파르타 지역에는 총 네 곳의 정착지가 있었는데 이 중 두 곳이 연합해서 나머지 두 곳을 정복합니다. 정복당한 두 지역, 메세니아와 라코니아 지역 주민이 헤일로테스입니다. 가장 수가 많고, 스파르타의 경제를 책임지는 이들이지만 대우는 형편없었습니다. 심지어 스파르티아테스는 이들을 대상으로 매년 선전포고를 하고 합법적으로 살해합니다. 이를 바득바득 갈며 살았을 것이 당연합니다.

그러던 와중에 대지진이 일어납니다. 엄청난 재난이었습니다. 투키디데스의 기록에 따르면 도시의 다섯 구역 중 두 곳만 남았고, 약 2만 명이 죽은 것으로 나옵니다. 20만 인구 중 2만 명이 죽었으니 전체 인구의 10%가 사라진 겁니다. 더구나 밀집된 도시가 타격이 컸고, 이곳에 살던 스파르티아테스의 피해가 더 컸습니다. 그렇지 않아도 소수의 인원으로 다수를 지배하던 이들은 일거에 흔들립니다. 이제나저제나 기회만 엿보고 있던 헤일로테스들은 반란을 일으켜 스파르티아테스를 습격하지만 제대로 된 무기도 없고, 군사 훈련도 받지 못했던 이들은 쫓겨납니다. 이들은 이토메산으로 도피해서 농성을 벌입니다. 10년에 걸친 농성 끝에 이들은 항복하고 대신 펠로폰네소스반도를 떠나 그리스 본토 쪽으로 이주합니다.

지진에 의한 전쟁은 이걸로 끝나지 않습니다. 지진과 헤일로테스의 반란에 힘들어하던 스파르타는 주변에 원군을 요청하고, 아테네도 키몬의 지휘하에 4천 명의 중장보병을 파견합니다. 물론 다른 도시국가들도 지원하지요. 지배층이란 다들 서로 미워하면서도 반란에는 민감한 법이니까요. 그런데 정작 스파르타는 아테네의 지원군을 탐탁지 않아 합니다. 같은 그리스인이지만 뭔가 자기네들과는 상극이라 여긴 걸까요? 결국 다른 지원군은 받으면서도 아테네군은 돌려보냅니다. 아테네로서는 아주 열받는 일이었지요.

결국 이 일을 계기로 둘은 서로 갈라서고 각각 펠로폰네소스 동맹과 델로스 동맹을 결성하게 되지요. 결국 대지진 30년 뒤 둘 사이에 펠로폰네소스 전쟁이 시작됩니다. 물론 지진만이 유일한 원인은 아니고 또 가장 중요한 원인도 아니지만, 결국 지진은 스파르타에 두 번의 전쟁을 겪게 만들죠. 그리고 펠로폰네소스 전쟁을 이기긴 하지만 결국 스파르타는 패망의 길로 갑니다. 흔히 스파르타라면 떠오르는 이미지는 '강건함', '원칙주의자' 같은 것들이죠. 하지만 그들이 직업 군인이 된 건 외적을 상대하기 위해서가 아니라 자기들을 먹여 살리는 헤일로테스를 제압하기 위해서였고, 그들의 원칙은 철저한 계급 차별 위에 서 있죠. 저로서는 오히려 비겁함, 차별주의자가 먼저 떠오릅니다. 참, 스파르타라는 단어는 원래 '씨를 뿌리다'는 의미의 스페이로와 관련이 있습니다. 스파르타라는 지명 자체가 씨를 뿌린 땅이란 의미를 가지죠. 하지만 실제로 씨를 뿌리고 작물을 재배한 건 스파르타인이 아니라 헤일로테스였다는 걸 생각하면 이름마저 가로챈 이들이라 여겨지기도 합니다.

고대 그리스에선 스파르타 대지진 말고도 기원전 373년의 헬리케 지진도 손꼽힙니다. 코린토만 근처 아카이아 지역의 헬리케란 도시국가가 완전히 사라집니다. 그냥 파괴된 것이 아니라 아예 바다 밑으로 가라앉아 소멸해 버렸죠. 비극으로 치면 스파르타 지진보다 더 큽니다. 그리고 기원전 226년에 일어난 로도스 지진도 컸습니다. 당시 고대 7대 불가사의 중 하나였던 거대 청동상이 무너졌고, 섬의 도시들도 파괴됩니다. 또 쓰나미가 에게해 전역에 영향을 미쳤죠.

로마제국에선 서기 115년, 당시 시리아 속주의 안티오키아에서 일어난 대지진이 가장 영향이 컸던 지진으로 꼽을 수 있겠습니다. 안티오키아는 시리아, 지금의 튀르키예(소아시아) 지역에서 가장 큰 도시였고, 로마제국 전체에서도 로마와 북아프리카의 알렉산드리아 다음으로 큰 도시였습니다. 이 거대한 도시가 거의 완전히 파괴되었다고 합니다. 당시 도시 인구가 15만~25만 정도였는데 수천 명에서 수만 명이 사망했다니, 다친 사람까지 합하면 도시민 서너 명 중 한 명은 부상을 입거나 죽은 거였습니다. 도시 기반 시설인 도로, 수로, 공공 시설도 대부분 파손되어 도시 기능 자체가 마비되었습니다. 황제도 당시 안티오키아에 있다가 엄청 놀랐다고 하더군요.

당시 안티오키아는 동서 무역의 중심지였습니다. 멀리 중국과 인도에서 페르시아를 거친 상품들이 로마로 가는 통로였지요. 그런데 지진으로 이 무역 네트워크가 일시적으로 붕괴한 겁니다. 그리고 기독교입니다. 당시 기독교는 지중해 동부 지역을 중심으로 유대교에서 세계 종교로 변신하는 중이었고 그 중심이 안티오키아였습니다. 예루살렘 다음으로 교회가 들어선 곳이기도 하고, 바울과 바나바의 첫 번째 선교 여행의 출발점이었죠. 유대인이 아닌 이방인을 향한 선교의 핵심 기지였습니다. 물론 당시는 트라야누스 황제가 기독교를 탄압하던 시기였죠. 그래도 안티오키아에 초기 기독교 공동체가 나름 세력을 구축하고 있었고, 지진은 이들의 영향을 더 키우는 계기가 되기도 했을 겁니다.

그리스에선 포세이돈^{Ποσειδῶν}이 지진을 일으킨다고 여겼습니다. 포세이돈은 바다의 신인데 지진과는 무슨 관련이 있는 걸까요? 앞서 탈레스는 육지가 아주 큰 바다 위에 뜬 상태라 했는데 이는 그리스 신화에서 연유합니다. 신화에선 오케아노스란 바다 혹은 아주 큰 강이 육지를 둘러싸고 있다고 생각했죠. 그래서 바다의 큰 흔들림이 지진을 만든다고 여겼습니다. 이를 포세이돈이 삼지창으로 바다를 휘저으면 대지가 흔들린다는 식으로 표현하지요. 그래서 포세이돈의 또 다른 이름이 '대지를 흔드는 자'란 뜻의 엔노시가이오스^{Ἐννοσίγαιος} 혹은 가이오코스^{Γαιήοχος}입니다. 가이아는 대지란 뜻이고, 엔노시스는 흔든다는 뜻, 에오코스는 움직인다는 뜻이죠. 이런 그리스 신화의 세계관은 로마로도 이어집니다. 넵투누스 테라에 콰사토르$^{Neptunus\ Terrae\ Quassator}$, '넵튠, 대지를 흔드는 자'라는 말입니다. '콰사토르'는 '흔드는 자', '테라에'는 '대지를'입니다. 그리스와 로마 모두 워낙 지진이 잦다 보니 이런 신화가 공유될 수 있었겠죠.

또 하나, 이런 지진으로 만들어진 균열, 틈은 그리스어로 카스마^{χάσμα}라고 합니다. 이 단어에서 유래한 영어가 캐즘^{chasm}이죠. 그리스어 카스마는 지진으로 만들어진 물리적 틈새를 말하다가, 그리스 신화에서 타르타로스로 통하는 깊은 심연을 의미하는 것으로 확장됩니다. 라틴어로는 카스마^{chasma}가 됩니다. 의미는 그리스와 같고요. 카스마는 중세 기독교에서 지옥으로 이어지는 심연이나 종교적 의미의 구렁텅이를 의미하기도 하죠. 그리고 근대 영어의 캐즘도 지진으로 인한 균열을 의미합니다만 의미가 확장됩니다. 계층 간 격차나 생각의 차이, 감정적 단절을 의미하죠. 그러다 요사이는 혁신적 기술이나 신제품이 초기 사용자에서 주류 시장으로 넘어가는 과정에서 겪는 수요 부진의 시련기를 가리키기도 합니다. 2024년에 큰 화제가 되었던 '전기차 캐즘' 현상이 대표적이죠.

| 기억해야 할 어휘 |

*옴팔로스^{ὀμφαλός}, Omphalos
세계의 배꼽, 정중앙.
아폴론의 독수리 둘이 만난 자리로 여겨진 델포이를 상징.
중심은 '힘'이 아닌 '연결'로 작동하는 곳.

*암피크티오니^{Ἀμφικτυονία}
'주변 이웃'이 함께 지키는 종교 동맹.
델포이·테르모필라이 신전을 공동 관리하고 제전·신성 전쟁을 주관.

*피티아^{Πυθία} / 만테이온^{μαντεῖον}
신탁을 말하는 여사제 / 신탁소.
어근 *만-*은 '신적 영감, 광기^{μανία}'를 뜻함. → 라틴어 오라쿨룸^{oraculum}.

*바르바로이^{βάρβαροι}
'알아듣기 어려운 말'을 하는 사람 → '외부인, 그리스인이 아닌 자'.
라틴어 barbarus, 영어 barbarian의 어원.

*카이로네이아^{Chaeronea}
기원전 338년, 마케도니아의 필리포스 2세가 아테네·테베 연합군을 격파한 전투.
그리스의 주도권이 마케도니아로 넘어가는 계기.

| 곱씹을 문장 |

세계의 중심에 아폴론이 있었다.

In umbilico mundi Apollo erat.

신의 거처, 중심의 언어

〈올림포스산〉, 2012, Wikimedia Commons

올림포스 | 올림포스산

그리스는 바다의 나라입니다. 구불구불하고 긴 해안선, 수많은 섬이 그리스의 상징이죠. 하지만 다르게는 산의 나라이기도 합니다. 발칸반도에서 펠로폰네소스반도까지 대부분의 땅이 산악지형이지요. 그중에서 가장 높은 산은 올림포스 Ολυμπος 산입니다. 테살리아주에 있죠. 그런데 올림포스산이 하나가 아니란 건 아시나요? 그리스에만 원래 올림포스산 말고 3개, 튀르키예에도 3개, 키프로스에도 하나가 더 있습니다.

올림포스산은 제우스와 헤라를 비롯한 올림포스 12신의 거처로 유명하죠. 이렇게 산이 신의 거처인 건 그리스만의 특징은 아닙니다. 힌두교에선 카일라스산을 시바신의 거처로 여겼고, 히말라야 자체가 '신들의 거처'란 뜻이기도 합니다. 일본의 후지산은 신도의 신들이 머무는 곳이고, 아즈텍 문명은 포포카테페틀산을 신들의 거처라 여겼습니다. 대부분의 민족이 가장 높은 산, 가장 큰 산을 신의 거처로 삼는 신앙을 가지고 있었고, 산 자체를 신격화하기도 했죠.

여기에는 몇 가지 이유가 있을 듯합니다. 우선 높은 산 정상이 쉬이 올라갈 수 없고, 날씨 변화도 잦아서 고립된 공간이라는 측면이 있겠습니다. 범접하기 힘든 곳은 그 자체로 신비로움을 만들죠. 또 하늘에 가깝다는 이유도 있겠습니다. 예로부터 많은 민족이 하늘을 신들의 세계로 여겼으니 그 하늘에 최대한 가깝게 다가 간 산 정상은 신탁을 받을 좋은 장소라 여겼겠지요. 그리고 정상에 오르면 자신들이 사는 땅의 모습을 전체적으로 조망할 수 있지요. 신이 이렇게 자기들을 굽어살핀다는 생각이 자연스레 들 수밖에 없습니다. 마지막으로 산은 고립된 공간임과 동시에 마지막 피난처이기도 합니다. 적이 쳐들어와 목숨이 풍전등화일 때, 높은 산에서 험한 지형을 방패 삼아 버틸 수 있었을 터입니다.

    올림포스의 어원은 정확히 밝혀지지 않았습니다만 산은 그리스어로 오로스^{ὄρος}입니다. 하지만 고대 그리스인들은 '올림포스 오로스'라고 부르지 않고 그냥 '올림포스'라고만 불렀다더군요. 산악학 혹은 산악지형학을 오롤로지^{orology}라고 하고, 조산대를 오로겐^{orogen}이라 하는 건 이 단어에서 왔지요. 라틴어로 산은 몬스^{mons}입니다. 서양의 산과 관련된 지명은 대부분 여기서 유래했지요. 프랑스어로 산은 몽^{mont}, 영어로 산은 마운틴^{mountain}이라 부르는 것처럼요. 그 외에도 '산처럼 쌓아 올린다'는 뜻의 프랑스어 monter에서 '무언가를 쌓는 행위' 또는 '조립하는 과정'으로 발전하고, 다시 20세기 영화 분야에서 '서로 다른 장면을 조립해 새로운 의미를 만드는 기법'으로 발전한 몽타주^{montage}, '산 위에서'란 뜻에서 '최고로, 가장 중요한'이란 의미로 발전한 파라마운트^{paramount} 등도 있습니다. 흔히 약자로 산을 Mt., 또는 mont.로 쓰기도 하죠.

그럼 이런 높은 산이 없던 곳에선 어떨까요? 사람들이 산을 만듭니다. 이집트의 피라미드, 메소포타미아의 지구라트가 대표적이죠. 중앙아메리카의 마야 문명과 아즈텍 문명도 열대우림 한가운데 계단식 피라미드를 만들었고, 인도네시아에도 계단식 피라미드 형상을 한 보로부두르 불교 사원이 있습니다. 통치자의 권위를 과시하는 수단이기도 했지만, 한편으로 하늘과 조금이라도 가까워지려는 모습이기도 했습니다. 이들 피라미드가 시대도 다르고 장소도 다른데 서로 비슷한 모습을 가진 걸 외계인이 기술을 전수한 증거라고 이야기하는 이들도 있지만, 사실은 기술적 한계 때문입니다. 어떻게든 높이 쌓고 싶은데 당시 건축 기술로는 피라미드의 경사각보다 가파르게 지으면 무너질 수밖에 없기 때문이지요. 안정적인 구조로 가장 높은 경사각을 찾다 보니 모두 비슷한 구조를 가질 수밖에 없었던 거죠. 실제로 아프리카에는 더 높은 경사각으로 만들다가 허물어진 피라미드, 중간에 경사각을 눕힌 피라미드도 발견됩니다.

그리스에 올림포스가 있다면 로마에는 일곱 언덕이 있습니다. 로마는 예로부터 '일곱 언덕의 도시Urbs Septem Collium'라 불렸지요. 팔라티누스Palatinus, 카피톨리누스Capitolinus, 아벤티누스Aventinus, 퀴리날리스Quirinalis, 비미날리스Viminalis, 엑스퀼리누스Esquilinus, 카엘리우스Caelius 언덕이 그것입니다. 물론 감히 범접하기 어려운 올림포스에 비하면 사람들이 우글거렸던 언덕은 그 신성함은 좀 떨어지지만, 로마인들의 일곱 언덕에 대한 사랑은 남달랐습니다. 특히 팔라티누스 언덕은 로마의 건설자 로물루스와 레무스가 늑대의 보살핌을 받은 장소로 가장 중요하게 여겨졌습니다. 그래서 후에 이 언덕 위에 황제의 궁전을 세웠는데, 언덕 이름을 따 팔라티움^{palatium}이라 불렀습니다. 이 팔라티움이 중세를 거치며 현재 궁전^{palace}으로 변한 것이죠. 카피톨리누스 언덕에는 로마 신화의 주신, 주피터의 신전이 있었습니다. 여기서 미국 국회의사당이 위치한 곳 '캐피톨 힐$^{Capitol\ Hill}$'이 왔지요. 카피톨리누스라는 지명은 원래 신전을 지을 때 사람 머리^{caput}가 발견되어 붙은 거라지요? 그런데 이곳에 주피터 신전이 지어졌으니 '가장 중요한 곳'이란 의미가 생깁니다. 그리고 '가장 중요한 도시', 즉 정치적 중심지, 수도를 가리키는 말이 되었지요. 또 머리^{caput}라는 의미에서 주요한 재산, 원금이란 의미의 라틴어 카피탈레^{capitale}가 파생되었고, 이 말이 다시 현대 영어의 자본, 자금^{capital}이 되었지요. 또 대문자, 머리 문자라는 의미도 가지게 됩니다.

　라틴어 collium은 언덕을 뜻하는 collis의 속격 복수형으로 '언덕들의'라는 뜻입니다. 언덕^{collis}에서 파생된 단어로는 작은 언덕 colline도 있지만, 더 유명하게는 식민지^{colony}입니다. 원래 언덕 위의 정착지를 가리키는 라틴어 콜로니아^{colonia}에서 온 것이죠. 콜로니아는 주로 제대한 군인들에게 제공되는 농장이나 정착지를 가리킵니다. 로마 본국에 남는 정착지가 있을 리 만무하니 주로 갈리아 지방이나 브리튼 등 로마의 속주였던 곳이었습니다. 이민족들 가운데서 살아남아야 하니 주로 방어하기 쉬운 언덕 위에 세워졌죠.

산이 어떻게 형성되었을까도 고대 그리스 자연철학자들의 관심사 중 하나였습니다. 아낙시만드로스는 처음 지구가 물에 덮여 있었는데 태양열로 물이 증발하면서 낮은 부분은 바다가 되고 높은 부분은 육지가 되었다고 보았습니다. 산에서 조개 화석이 발견되는 건 옛날에도 흔한 일이었죠. 그렇다고 옛날 조개는 다리가 달려 산을 올랐다고 보긴 어려웠고, 누가 들고 올라갔다고 여길 수도 없으니, 옛날에는 산도 물에 잠겼을 거라고 유추한 것이죠. 크세노파네스란 자연철학자는 여기서 한 걸음 더 나아가 지구가 주기적으로 물로 덮인다고도 여겼습니다. 그런데 이들의 주장은 그리스 신화의 데우칼리온과 퓌라 이야기와 닮아 있지요. 제우스가 인간들의 사악함에 실망해 홍수로 멸망시키겠다고 결정하면서 의로운 부부 데우칼리온과 퓌라만 살려주기로 했죠. 배를 만들어 홍수에서 살아남은 둘은 물이 빠진 후 델포이에 도착합니다. 신전에서 '어머니의 뼈를 던지라'는 신탁을 받고, 이를 대지의 뼈인 돌로 여깁니다. 데우칼리온이 던진 돌은 남자가 되고, 퓌라가 던진 돌은 여자가 되어 새로운 인류가 시작되었다는 이야기죠.

홍수 신화는 그리스 고유의 것이 아니죠. 성경에도 노아의 홍수 이야기가 있고요. 원류로는 메소포타미아 '길가메시 서사시'에 나오는 홍수 이야기일 겁니다. 우트나피시팀이라는 의로운 사람만 살아남죠. 이들은 메소포타미아에서 이어지는 일련의 흐름입니다만, 이와 무관한 홍수 신화도 많습니다. 잉카에선 야마나 우아카가 세상을 물로 채웠다고 나오고, 호주 선주민들은 거대한 무지개뱀이 홍수를 일으킨다고 하죠. 아프리카에도 인도에도 홍수 신화는 다양한 버전으로 존재합니다.

아주 옛날 자기가 사는 주변이 세상 전부인 것처럼 인식할 시기에 홍수는 말 그대로 세상 전체가 물에 잠기는 느낌이었을 겁니다. 또 1만 년 전 인류 문명이 시작할 때는 빙하기가 끝나고 간빙기가 시작되는 시기이기도 했습니다. 해수면이 상승하는 과정에서 저지대로 바다가 밀려 들어오는 경험을 했을 가능성도 높지요. 거기다 태풍이나 지진, 화산 등으로 인한 쓰나미는 그야말로 물이 모든 걸 뒤덮는 경험이었을 겁니다.

대체 왜 이런 재해가 일어나는지에 대한 답을 신화시대답게 신에게서 찾을 수밖에요. '아 우리가 너무 악행을 저질러서 신을 화나게 했구나.' 이렇게 생각하지 않았을까요? 더구나 초기 문명은 대부분 강을 끼고 형성되었고, 그곳의 홍수 기억은 구전을 통해 여러 민족에게 전해졌을 거라 여깁니다. 그러니 그리스처럼 큰 강도 없는 곳에서도 홍수 신화가 만들어진 것이 아닐까요?

| 기억해야 할 어휘 |

*올림포스^{Ὄλυμπος}

그리스에서 가장 높은 산. 제우스와 12신의 거처로 여겨짐.

그리스·튀르키예·키프로스 등에도 동명의 산이 존재.

'중심'은 권력이 아니라, 닿기 어려운 거리에서 오는 신성으로 형성됨.

오로스^{ὄρος}

그리스어 '산'.

→orology(산악학), orogen(조산대) 같은 학술어의 어원.

*몬스^{mons}

라틴어 '산'.

→ 프랑스어 mont, 영어 mountain으로 발전.

프랑스어 monter(오르다) → montage(몽타주), paramount(가장 중요한) 파생.

팔라티움^{palatium}

*팔라티누스 언덕의 황궁.

→palace(궁전)의 어원.

*카피톨리누스^{Capitolinus}

로마의 일곱 언덕 중 하나, 주피터 신전이 있던 곳.

라틴어 caput(머리)에서 → Capitol(정치 중심), capital(자본·수도·대문자).

*콜리스^{collis}

라틴어 '언덕'. →colline(작은 언덕).

colere (경작하다) → colonia (정착지) →colony(식민지)와는 어원이 다름.

*대홍수 신화

데우칼리온과 퓌라가 홍수 이후 델포이에 도착, "어머니의 뼈"를 던져 인류를 재건.

세계 각지의 홍수 신화(노아, 길가메시 등)와 연결되는 보편적 재난 기억.

| 곱씹을 문장 |

신은 산에 깃든다.

Numen in montibus residet.

말로 세운
도시

빈첸초 마리아 코로나리, 〈아르고스의 전경〉, 1708, Wikimedia Commons

아르고스 | 폴리스

폴리스는 대략 8개 정도 됩니다. 그중 코린토스 아래 북동쪽에 자리한 것이 아르고스입니다. 구글맵으로 보면 아르고스 조금 북쪽에 유네스코 지정 미케네 유적지가 있죠. 광화문 사거리에서 강남역 정도 된다고 볼 수 있습니다. 물론 중간에 산이 있어 좀 돌아가야 하지만, 걸어가도 서너 시간이면 닿는 거리입니다.

하지만 미케네와 아르고스 사이엔 거리 차보다 좁히기 힘든 시대의 차이가 있었죠. 원래 그리스에는 펠라스고이라는 원주민이 살았습니다. 그리고 크레타섬을 중심으로 기원전 2700~1420년까지 1300년 정도 번성했던 미노스인들 일부도 그리스로 이주했지요. 에게해 연안과 소아시아에는 레레게스와 카리아인들이 살았던 것으로 알려져 있습니다. 그뒤로 그리스를 찾아온 이들이 아카이아인, 이오니아인, 아이올리아인입니다. 이들이 선주민과 좋게 섞여 살았는지 아니면 충돌이 심했는지는 잘 모르지만, 어쨌건 그중 아카이아인들이 주도한 것이 미케네 문명입니다. 대략 기원전 16세기에서 11세기경이 이들의 번성기죠.

미케네 문명이 망한 뒤 약 100년 정도 지나서 도리아인들이 다시 그리스로 남하합니다. 도리안, 도리에이스^{Δωριεῖς}는 '도리스에서 온 사람들'이란 뜻인데, 도리스는 현대 그리스의 중부 지역에 해당합니다. 헬렌의 아들이라는 도로스에서 유래하지요. 헬렌은 대홍수에서 살아남은 데우칼리온의 아들입니다. 신화에 따르면 헬렌은 세 명의 아들을 두었다고 전해지는데, 도로스는 도리아인의 시조가 되고, 아이올로스는 아이올리아인의 시조, 크수토스는 이오니아인과 아카이아인의 시조가 되었다는 것이 그리스인들의 주장이죠. 그래서 헬렌은 그리스 민족 전체의 시조가 됩니다. 그리스 사람들이 자신들을 헬레네스라 지칭하는 이유죠. 그리스의 단군이라 볼 수 있겠습니다.

이들이 펠로폰네소스반도에 정착하고 주도권을 잡기 시작할 때는 이미 미케네 문명은 사라졌고, 아카이아인들도 쇠퇴를 거듭할 때였죠. 당시 반도의 북동쪽에서 주도권을 잡았던 곳이 아르고스입니다만, 미케네도 비슷한 시기에 작은 도시국가를 이룹니다. 물론 이때의 미케네는 아카이아인들이 아니라 도리스인들이 주도권을 잡았을 가능성이 더 높습니다. 하지만 같은 도리스인이 세운 아르고스는 미케네를 그냥 두질 않습니다.

우리가 상상하는 그리스의 도시국가는 말 그대로 도시 하나, 가령 서울이나 성남 같은 경우겠습니다만, 당시 도시국가는 그 영역이 상당히 넓었습니다. 가령 아테네의 경우 아티카 전체를 관할했는데 지금의 제주도보다 더 넓은 면적이죠. 스파르타는 아테네의 세 배가 넘었고요. 웬만한 중소 폴리스도 서울보다 훨씬 면적이 넓었습니다. 사실 그 정도는 되어야 국가를 운영할 규모가 되겠죠. 그러니 아르고스 입장에서도 지척에 있는 미케네를 그냥 두고 볼 순 없었겠습니다. 거기다 만만했지요. 기원전 468년경, 그냥 합병하고 주민을 강제로 이주시킵니다. 그리곤 자기네가 미케네의 후예라고 자처합니다. 스스로 '페르세우스의 도시'라고 칭하죠. 페르세우스는 그리스 신화의 영웅인데, 그 원형이 되는 인물은 기원전 1600년경 활동했던 티륀스의 왕으로, 미케네 왕조의 시조라고 하죠.

어쨌든 이 전략이 당시 그리스에선 상당히 잘 먹혀들었나 봅니다. 고대 그리스의 비극 작가 아이스킬로스나 소포클레스, 에우리피데스의 작품에서 미케네 문명의 유명인들 아가멤논과 클리타임네스트라, 오레스테스나 일렉트라 같은 인물들의 무대로 아르고스가 쓰입니다.

아르고스에서 또 하나 중요한 것은 헤라이온입니다. 헤라 여신을 모시는 신전인데, 절묘하게도 미케네와 아르고스 딱 중간 정도에 있습니다. 미케네와 아르고스를 아우르는 일종의 종교 공동체를 만드는 구심점 역할을 하죠. 이 또한 미케네 문명과 깊은 관계가 있습니다. 미케네에서 발견된 점토판에는 헤라에게 바치는 제물과 의식이 기록되어 있는데, 미케네 시대에 '궁전의 여주인'으로 숭배되었을 가능성이 아주 높죠. 다른 고고학 증거에 따르면 기원전 9세기경에 이미 헤라 숭배가 이 지역의 중심 신앙이었음도 확인됩니다.

또 아르고스란 명칭 자체가 헤라와 상당한 인연이 있습니다. 아르고스는 고대 그리스에서 상당히 흔한 이름입니다. 도시의 신화에 따르면, 오케아노스와 테티스의 아들 이나코스가 도시의 첫 번째 왕인데 그 증손자가 자신의 이름, 아르고스를 따서 도시 이름을 지었다고 하죠. 아르고호를 타고 모험을 떠나는 아르고스도 있죠. 또 오디세우스가 키우던 충견 이름도 아르고스였습니다. 헤라의 신하로 눈이 백 개인 거인 이름도 아르고스인데, 어떤 신화에서는 이 거인이 이 지역의 괴물을 물리쳤다는 이야기도 있습니다. 그래서 당시 아르고스는 거인 아르고스를 자신들의 수호자인 양 여기기도 했다더군요. 아르고스는 따로 '아르고스 파노프테스 Ἄργος Πανόπτης'라고 합니다. '판'은 '모든'을, '옵스(옵트-)'는 '보다'를 뜻하는 어근이죠. 원래 '신통기'에는 네 개의 눈을 가져 사방을 본다고 나왔는데, 나중에 눈이 한두 개씩 늘어나더니 100개의 눈으로 세상 모든 것을 보는 거인이 되었지요. 영국의 철학자 제러미 벤담이 제안한 교도소의 명칭이자 미셸 푸코에 의해 근대 사회의 감시의 원리로 확장된 '판옵티콘 panopticon'이 여기서 기원합니다. 그리고 접두어 '판'은 팬데믹 pandemic, 파노라마 panorama 등 다양한 영어 단어에도 접두어로 쓰입니다.

도리스인이야 미케네 문명이 망한 다음에 와서 터를 잡았지만, 지역의 선주민들과 어울리려면 이런 지역 신앙을 받아들이는 것이 아무래도 편했겠죠. 더구나 아르고스의 도리스인들은 스파르타처럼 무지막지하게 지역 선주민들을 대하지 않고 나름 유연한 자세를 보였는데, 그런 정책의 연장선상이라 볼 수도 있겠습니다. 아르고스에서 헤라이온까지 행진하는 헤라이아 축제도 유명했습니다. 여사제들이 앞장서고 헤카톰베(Ἑκατόμβη)라고 100마리의 소를 제물로 바치는 대규모 제사의식이 있기도 했습니다. 소 100마리라니, 당시로선 대단한 규모가 아닐 수 없죠. 아르고스 나름의 경제력을 과시하는 모습일 수도 있겠습니다. '헤카톤'은 그리스어로 100이고 '보우스'는 '소'로, 헤카톰베는 '100마리의 소를 바치는 행위' 정도의 의미입니다. 현대 영어에서 헤카톰(hecatomb)은 대규모 희생이나 대량 학살을 의미하는 말로 사용합니다. 현대 영어에서도 100을 뜻하는 단어에 hect-, hecto-를 사용하는 경우가 흔하고요.

아르고스가 미케네에 집착한 이유 중 하나는 스파르타 때문이라고 저는 생각합니다. 펠로폰네소스반도에 정착한 도리스인이 세운 폴리스 중 가장 강력한 곳이죠. 아르고스는 스파르타에 미치지는 못하지만 나름 콧방귀를 뀌었습니다. 스파르타로서도 자기와 대등하진 않지만 신경 쓰지 않을 수 없는 정도는 되었죠. 둘 다 비슷한 시기에 반도에 와서 도시국가를 세웠기도 하고요. 그러니 나름의 정통성을 확보하고 스파르타를 견제하겠다는 의미로 미케네의 후예로 자처한 것이 아닐까 미루어 짐작해 봅니다. 실제로도 아르고스는 거의 매번 스파르타와 대적합니다. 물론 직접 싸운 것은 몇 번 되지 않습니다. 아무래도 붙으면 질 수밖에 없으니까요. 대신 스파르타 주변의 다른 폴리스와 연맹을 맺어 견제하고, 아테네와도 좋은 관계를 유지하려 하죠. 바로 위의 코린토스와는 또 다른 모습입니다. 코린토스는 스파르타와 경쟁할 이유도 별로 없고, 반대로 아테네와 경쟁 관계라서 스파르타와 거의 계속 좋은 관계를 유지했지만 아르고스는 달랐던 거죠. 확실히 가까우면 친해지기보다는 적대감이 생기고, 멀면 오히려 친해지기 쉬운가 봅니다.

아르고스는 또 페르시아와의 전쟁에서도 중립을 지킵니다. 이유는 신화 속 페르시아인의 조상 페르세스가 페르세우스의 후손이니 자기들과 고대부터 혈연관계가 있다는 건데, 사실 말도 되지 않는 이유죠. 실제 이유는 두 가지인데, 하나는 페르시아 전쟁 5년 전에 스파르타와 한 번 붙어 아주 큰 타격을 입었기 때문입니다. 수천 명의 시민이 목숨을 잃었죠. 그래서 당시 노예로 부리던 선주민과 이웃들에게도 시민권을 주는 파격적인 정책을 취할 수밖에 없던 때였습니다. 또 전쟁에 참여할 여력이 없었죠. 그래도 사실 그리스 연합군에 이름만 올려놓고 참여하는 시늉 정도는 할 수 있었을 겁니다. 그런데 연합군을 주도하던 폴리스가 바로 스파르타와 아테네입니다. 육군은 스파르타가, 해군은 아테네가 맡았죠. 그런데 아르고스는 육군 위주입니다. 싸워서 진 것도 분한데 그 아래 들어가는 건 도저히 받아들일 수 없었죠.

욕은 엄청 먹었습니다. 다들 한마음으로 페르시아와 싸우는데 아르고스만 열외를 주장했으니까요. 메디스모스라고 욕을 했지요. 페르시아(메디아인)에게 동조한다고요. 그리스가 전쟁에서 승리한 후엔 비난이 더 거세졌죠. 하지만 아르고스는 또 중립을 선택합니다. 이번에는 스파르타와 아테네의 펠로폰네소스 전쟁이죠. 명분은 스파르타와 30년 평화조약을 맺었다는 것이죠. 협정 만료까지 10년은 남았으니 참가할 수 없다는 거죠. 반대로 스파르타 편에 서는 건 생각할 수도 없는 일이고요. 끝까지 중립이었으면 얼마나 좋았을까요? 전쟁이 시작된 지 11년이 지나자 아르고스는 아테네와 새로 동맹을 맺습니다. 그리고 그 2년 뒤 또 스파르타에게 집니다. 스파르타와 싸우면 싸우는 족족 지는 것이 아르고스의 운명이었는지 모르죠. 어쩌면 헤르메스에게 살해당한 아르고스를 수호자로 여겼을 때 예견된 결말이었을까요?

| 기억해야 할 어휘 |

*아르고스^{Ἄργος}

그리스 북동부의 폴리스.

미케네를 합병하고 스스로를 "페르세우스의 도시"라 칭하며 정통성을 계승.

아르고스 파노프테스(눈 100개의 거인) → pan-(모든) + opt-(보다)

→ panorama, pandemic, panopticon(감시 사회 개념)의 어원.

*헤라이온^{Heraion}

아르고스 - 미케네 사이에 위치한 헤라 여신의 신전.

기원전 9세기부터 지역 중심 제의 장소로 숭배.

→ 헤라이아 축제, 헤카톰베 제의(소 100마리 제물) 개최.

*헤카톰베^{Ἑκατόμβη}

'100마리 소'라는 뜻.

대규모 희생 제의를 가리키며 → 영어 hecatomb(대량 학살, 대규모 희생) 파생.

*메디스모스^{Medismos}

페르시아(메디아)에 협력하거나 친페르시아적 태도를 보인다는 비난.

페르시아 전쟁 당시 아르고스가 중립을 선택했을 때 받은 정치적 낙인.

*시마키아$^{συμμαχία,\ Symmachia}$

'함께^{syn} + 싸우다^{machē}' → 폴리스 간의 군사 동맹.

스파르타 견제 및 아테네와의 우호 관계 속에서 중요한 정치적 수단으로 작동.

| 곱씹을 문장 |

> 모든 것을 보았지만, 자신의 운명은 보지 못했다.
>
> Omnia videbat, sed fatum suum non vidit.

5장

세계가 끝나며
남기는 말

"세계가 저물어도 남겨진 언어는, 그때의 나를 다시 불러냅니다."

끝을 물고 시작하는 세계

테오도로스 펠레카노스, 〈우로보로스〉, 1478, 프랑스 파리 국립도서관

우로보로스 | 순환

그리스의 자연철학자 중 가장 많은 분야에 관심을 가진 이는 단연코 아리스토텔레스였지만 다른 철학자들도 조금씩은 여러 분야에 대해 의견을 내놓습니다. 그중 하나가 지구였습니다. 지구는 과연 어떤 모양이냐는 것은 대부분의 자연철학자들에게 꽤 중요한 관심 사항이었습니다.

당연히 최초의 자연철학자 탈레스도 한 발을 담급니다. 그는 지구가 일종의 원반이라고 생각했지요. 물 위에 떠 있다고 여겼고요. 그의 제자 아낙시메네스도 지구가 원반 모양이라 생각한 건 탈레스와 같습니다. 하지만 그는 만물의 근원이 공기라 주장했으니 지구도 공기가 지탱한다고 생각했지요. 탈레스의 다른 제자 아낙시만드로스는 여기서도 스승과 견해가 갈립니다. 그는 지구를 원통이라 생각했지요. 높이가 지름의 3분의 1이니 좀 높은 원반이라 우길 수도 있겠습니다만. 그리고 만물의 근원을 아페이론이라 했으니 지구를 지탱하는 걸 따로 지칭하기 힘들었을 겁니다. 그는 지구가 우주의 한가운데 있기 때문에 어느 방향으로도 떨어지지 않고 균형을 잡는다고 생각했지요.

뒤에 나올 이들은 지구를 구형이라 여겼는데 구형이든, 원반이든 아니면 원통형이든 모두 원을 기본으로 합니다. 왜 이들은 '원'에 그토록 집착한 것일까요? 두 가지 이유라고 추론할 수 있을 듯합니다. 우선 눈으로 본 것이지요. 넓은 들에 나가 사방을 보면 지평선 둘레가 원입니다. 또 바다 한 가운데서 사방을 봐도 수평선 둘레가 원이지요. 높은 산에 올라 사방을 봐도 원으로 보입니다. 물론 그 원 밖에는 또 다른 땅이 있고, 바다가 있다는 건 알지만 기본적으로 사방이 원으로 넓어진다고 생각한 거지요. 다른 하나는 원에 부여한 의미입니다. 메소포타미아와 이집트에서 그리스까지 원은 시작과 끝이 없는 완전한 형태라 여겨졌습니다. 그래서 자기 꼬리를 입에 문 우로보스의 뱀은 영원을 상징하기도 하지요. 그러니 자기가 살고 있는 땅이 원일 거라 편리하게 여긴 걸 수도 있습니다.

이런 원을 뜻하는 그리스어로는 킬클로스와 귀로스 둘이 있습니다. 라틴어도 킬클로스에서 음차한 키르쿠루스와 오르비스 둘이 있지요. 굳이 둘씩 있는 이유는 정적인 형태의 원 즉 원형 그 자체를 의미하는 킬클로스나 키르쿠루스와 원운동이나 회전운동 등 동적인 의미의 귀로스 그리고 구체나 천체, 세계 등 3차원적 의미의 오르비스를 따로 구분하고 싶었기 때문인 걸로 보입니다. 킬클로스는 키르쿠루스가 된 뒤 서양에 퍼져서 사이클, 바이시클, 서커스 등의 어원이 됩니다. 좀 특이한 단어로는 상황을 의미하는 circumstance와 백과사전 encyclopedia가 있습니다. 서컴스턴스는 주위를 의미하는 서컴과 서다를 의미하는 스타레의 합성어로 직역하면 '주위에 서 있는 것들'이란 의미고 어떤 사건이나 사물을 둘러싸고 있는 조건들을 의미하게 되었죠. 그래서 '주변 상황'으로 연결됩니다. 엔사이클로페디아는 원형의라는 뜻의 엔키클리오스와 교육을 뜻하는 파이데이아의 합성어로 '원형의 교육, 순환적 교육'을 의미하는데 고대 그리스에서 일반 교양 과목 전체를 가리키는 용어였습니다. 즉 모든 학문 분야를 둘러싼 포괄적 교육이란 의미죠. 이후 모든 지식을 망라한 책이라는 의미로 발전하였습니다. 귀로스는 역시나 그리스어답게 회전하다^{gyrate}, 자이로스코프^{gyroscope} 등 학술적이거나 전문용어 냄새가 나는 단어의 어원입니다. 오르비스는 현재 영어에서도 궤도를 뜻하는 orbit나 구^{orb}, 글로벌^{global}이 되었죠.

다시 지구 모양으로 돌아오면 밀레투스학파와 달리 피타고라스학파는 지구를 구형이라 주장합니다. 달리 증거가 있었던 것은 아닙니다. 피타고라스학파의 성격이 증거를 요구하지도 않았고요. 단지 구가 여러 3차원 입방체 중 가장 완벽한 형태라 생각했기 때문입니다. 이들은 우주도 구형이라고 생각했지요. 현재까지의 자료로만 보자면 이들이 세계 최초로 지구가 구형이라 주장한 이들입니다.

그리고 아리스토텔레스입니다. 아리스토텔레스도 지구가 구형이라고 이야기했지만 그답게 근거를 충실히 대죠. 우선 월식입니다. 월식이란 지구가 달로 가는 햇빛을 가리는 것이니 항상 지구

그림자가 달에 비치기 마련입니다. 그 그림자가 항상 원형입니다. 지구가 구형이 아니라면 다양한 그림자 모습이 나와야 하는데 그렇지 않다는 것이죠.

두 번째는 고위도로 여행을 하면 북극성이 더 높이 보이고 남으로 갈 때면 더 낮아지는 것이죠. 또 이집트와 키프로스에서 보이는 별이 다른 것도 지구가 구형인 증거입니다. 둥근 땅의 어디에 있는가에 따라 보이는 별과 보이지 않는 별, 보이더라도 그 위치가 변한다는 것이죠.

세 번째로 해안에서 배가 멀어질 때 아래쪽부터 보이지 않고 가까워질 때는 위쪽 돛대가 먼저 보이고 아래 선체는 나중에 보이는데 이 또한 지구가 둥글기 때문입니다.

네 번째로 물체의 수직 낙하입니다. 물체는 항상 지구의 중심으로 떨어지는데 만약 지구가 구형이 아니라면 위치에 따라 물체가 비스듬히 떨어질 수도 있지요. 어디서나 물체가 수직으로 떨어질 수 있는 건 지구가 구형이기 때문입니다.

물론 이런 직접적인 증거 말고도 천체가 모두 둥글고, 물방울도 둥글고, 수학적으로도 구형이 완벽한 기하학적 형태라는 등의 간접적 근거도 대지만 위의 직접적 증거는 지구가 구형이란 아리스토텔레스의 주장에 상당한 힘을 실어주었고, 당시의 자연철학자 대부분을 납득시키죠.

그리스어로 구형은 스파이라$^{\sigma\phi\alpha\tilde{\imath}\rho\alpha}$였습니다. 라틴어는 이 말을 차용해 스파에라^{sphaera}라고 합니다. 그런데 원래 라틴어에도 구형이란 단어가 글로부스^{globus}라고 따로 있었지요. 스파이라에서 현대 영어의 구체^{sphere}와 관련 단어들이 유래합니다. 그리고 대기권^{atmosphere} 성층권^{stratosphere}, 생물권^{biosphere}도 마찬가지입니다. 글로부스에서 지구본^{globe}, 세계적^{global} 등이 옵니다. 역시나 그리스어는 기하학적이고 과학적인 용어로 쓰고, 라틴어는 지리적이고 실용적인 부분에 쓰는 모습은 같습니다.

헬레니즘 시기의 자연철학자 에라토스테네스는 지구의 크기를 최초로 실측한 사람입니다. 지구가 구형이라는 점을 이용했지요. 알렉산드리아와 시에네 사이의 거리를 걸음을 통해 잽니다. 물론 직접 걸은 건 아니고, 사람을 사서 걷게 했지요. 두 도시의 태양그림자가 만드는 각도를 동시에 재죠. 이 둘을 통해서 얻은 지구의 크기는 지금과는 조금 차이가 있지만 당시 기술 수준으로 본다면 상당히 정확한 것이었습니다.

그런데 지구가 구형이면 당연히 반대쪽 반구가 궁금했겠죠. 과연 거기도 사람이 살고 있을까가 가장 궁금했을 겁니다. 피타고라스학파는 사람들이 산다고 생각했습니다. 대칭이 우주를 구성하는 아주 중요한 원리라 여겼던 그들로선 증거도 필요없는 당위였죠. 그들은 남반구에 사는 이들을 안티포데스^{ἀντίποδες}라고 불렀습니다. 아리스토텔레스는 그곳에는 사람이 살지 않을 거라 여겼습니다. 적도 지역의 극심한 더위로 인해 그 남쪽으로 사람이 이동할 수 없을 거라고 여겼던 거지요. 또 바다도 너무 넓어서 건널 수 없다고 생각했고요. 하지만 헬레니즘 시기의 지리학자이자 자연철학자인 스트라본은 적도를 중심으로 북반구와 남반구가 대칭적인 기후대를 가질 것이라고 추측했습니다. 즉 북반구에 사람이 살만한 지역이 있는 것처럼, 열대 너머 남반구에도 사람이 살만한 지역이 있을 거라고 생각했고, 대서양 너머에도 그런 대륙이 있다고 추측했죠. 스트라본이 쓴 지리학^{Geographica}이 르네상스 시기에 재발견되면서 탐험가들이 배를 탈 근거의 하나가 되었습니다.

여기서 안티포데스는 '반대의 발'이란 뜻입니다. 안티는 반대, 포드는 발이란 뜻이죠. 라틴어로도 그냥 그리스어를 차용해 안티포데스^{antipodes}라고 불렀고요. 현대 영어에서 antipode는 정반대의, 지구 반대쪽이란 뜻을 가집니다. 지금도 지리학에선 완전히 지구 반대쪽에 해당되는 곳을 antipodal point라고 하지요. 서울의 안티포달은$^{antipodal\ point}$ 아르헨티나 대서양 연안 근처 바다이고 가장 가까운 도시는 아르헨티나의 코모도로 리바다비아라고 하네요.

| 기억해야 할 어휘 |

*우로보로스^{ouroboros}
자신의 꼬리를 물고 도는 뱀.
영원·순환·자기완결성의 상징. 끝과 시작이 맞닿아 있음을 나타냄.

*키클로스$^{κύκλος,\ kyklos}$
'원, 고리'를 뜻하는 그리스어.
→ cycle(순환), bicycle(자전거), circus(원형 극장), circumstance(주변·상황), encyclopedia$^{ἐγκύκλιος\ παιδεία,\ '순환적\ 교육'}$의 어원.

*귀로스$^{γῦρος,\ gyros}$
'회전·원운동'을 뜻하는 말.
→ gyrate(회전하다), gyroscope(자이로스코프)의 어원.

*오르비스^{orbis}
라틴어 '구·세계'.
→ orbit(궤도), orb(구체·세계)의 어원. 3차원적 원형 세계를 나타냄.

*스파이라$^{σφαῖρα,\ sphaira}$
'구, 공'을 뜻하는 그리스어.
→ sphere(구체), atmosphere(대기권), stratosphere(성층권), biosphere(생물권) 등 과학적·기하학적 용어의 근원.

*글로부스^{globus}
라틴어 '구, 덩어리'.
→ globe(지구본), global(세계적인)의 어원. 실용적·지리적 맥락에서 많이 사용.

*안티포데스$^{ἀντίποδες,\ antipodes}$
'반대의 발'이라는 뜻.
지구 정반대 지점 혹은 정반대에 있는 존재를 의미.

| 곱씹을 문장 |

세계는 자기 자신으로 돌아온다.

Orbis terrarum in se redit.

세계가 무너질 때, 내 안의 세계도
새로운 언어로 나를 부른다

디지털 그래픽 (저자 미상), 〈로마 제국의 상징〉, Wikimedia Commons

팍스 로마나 | 로마의 평화

기원전 27년 아우구스투스가 제1 시민이라는 뜻의 프린켑스 princeps가 되면서 시민이 주권을 가지는 공화정이 끝나고 왕정이 시작됩니다. 프린켑스는 '첫 번째'를 뜻하는 프리무스 primus와 '잡아 차지하다'를 뜻하는 카피오 capio의 합성어로, 직역하면 '첫 번째 자리를 차지하는 사람'이란 뜻이지만 로마의 제1 시민이란 뜻으로 쓰였습니다. 군주정에 대한 일종의 화이트워싱이라 볼 수 있죠. 이 단어에서 왕자, 군주란 의미의 prince, 교장을 의미하는 principal, 우위를 뜻하는 primacy 등이 파생되었습니다. 아우구스투스와 티베리우스가 나름 제국의 기초를 다지지만, 뒤를 잇는 칼리굴라를 시작으로 약 60년간 로마 제정은 혼란으로 빠져듭니다. 물론 황제들의 폭정과 혼란과는 상관없이 로마제국 자체는 안정적으로 유지됩니다.

'로마는 하루아침에 만들어지지 않았다'는 말처럼 제국 전체의 시스템이 잘 유지되었고, 외부의 적도 별로 없던 상황이었으니까요. 그래서 흔히 팍스 로마나 Pax Romana라고 이야기하는 시기를 제정 시작부터 잡기도 하죠. 팍스는 라틴어로 '평화'를 뜻합니다. 영어의 peace, pacify 등이 여기서 유래합니다. 태평양의 Pacific도 '평화로운 바다'라는 의미로 팍스에서 유래한 거라 볼 수 있죠. 팍스 로마나는 이후 19세기의 팍스 브리태니카, 20세기의 팍스 아메리카나 등 패권 국가에 의해 세계 질서가 안정적으로 유지되는 시기에도 비슷한 식으로 쓰입니다. 물론 패권국 입장에서 본 것이긴 하지요.

하지만 팍스 로마나를 좁게 기원후 96년부터 180년까지의 '5현제' 시기로 보기도 합니다. 로마제국을 대표하는 다섯 명의 현명한 황제들이 줄을 이어 통치하던 시기죠. 원로원에서 황제로 선출된 네르바Nerva가 시작이었습니다. 다음을 잇는 트라야누스Traianus 황제 시기는 로마 영토가 최대로 확장되었고, 대규모 공공사업이 추진된 시기입니다. '최고의 황제optimus princeps'라는 평가를 받죠. 옵티무스optimus는 라틴어로 '좋은'을 뜻하는 보누스bonus의 최상급으로, 영어로 치면 '베스트best'에 해당합니다. 현대 영어에선 optimize 등 '최적의'라는 뜻으로 주로 쓰죠. 다음은 하드리아누스Hadrianus입니다. 더 이상의 영토 확장을 포기하고 대신 국경선에 하드리아누스 장벽을 건설하고, 내실을 다지는 통치를 하죠. 그 뒤를 잇는 안토니누스 피우스Antoninus Pius는 평화로운 통치로 '경건한 자Pius'라는 칭호를 받습니다. 5현제의 마지막은 마르쿠스 아우렐리우스Marcus Aurelius로 철학자 황제로 유명하죠.

이들 황제는 직접적인 혈연이 아니었습니다. 선대 황제는 다음 황제로 적합한 인재를 선발해 양자로 삼았죠. 입양을 통한 승계였습니다. 이 또한 연속으로 다섯 명의 황제가 나름 최선의 통치를 할 수 있었던 이유일 수 있겠죠. 하지만 마지막 아우렐리우스 황제 시절 팍스 로마나에 먹구름이 끼기 시작합니다. 하나는 게르만족의 침입입니다. 아우렐리우스 자신도 끊임없는 전투에 시달렸죠. 그리고 다른 하나는 '안토닌 역병'입니다. 이들 5현제 시대를 '네르바-안토닌 왕조'라 하는 데서 딴 것이죠.

앞의 아테네 역병에서와 마찬가지로 평화로운 제국 시대는 물자와 사람의 교류가 활발할 수밖에 없습니다. 그리고 역병은 이를 통해 전파되죠. 그리스 역병이 아프리카에서 온 것이라면, 로마의 역병은 파르티아 전쟁에서 귀환한 군인들에 의해 유입된 것으로 보입니다. 처음에는 메소포타미아에서 시작해서 소아시아를 거쳐 이탈리아와 갈리아, 북아프리카와 라인강·다뉴브강 유역까지 퍼집니다. 파르티아는 현대의 이라크와 이란 부근에 있던 국가로, 로마가 제국으로 전환할 무렵부터 서기 2세기 무렵까지 로마와 끊임없이 전투와 휴전을 반복했던 강대국이었습니다.

서기 165년에서 180년까지 약 15년 동안 로마제국 전역을 휩쓴 이 역병은 정확하진 않지만 천연두거나 홍역이었을 가능성이 큽니다. 지금이야 천연두도 홍역도 별것이 아니지만, 그때는 무시무시한 감염병이었습니다. 당시 로마제국의 인구는 약 6천만~7천만 명 정도였는데 그중 500만 명 이상이 사망했을 것으로 추정합니다. 우리가 겪은 코로나19와는 비교도 되지 않을 커다란 재난이었습니다. 심할 때 로마시에서만 하루에 2,000명씩 사망자가 생길 정도였다고 합니다.

애초에 군인을 통해 전파된 감염병이니 이에 따라 로마 군단의 전투력이 크게 약화될 수밖에 없었습니다. 파르티아 전쟁도 중단됩니다. 당시 로마 군대는 파르티아의 수도 크테시폰을 점령할 정도로 전황이 유리했지만, 역병의 유행으로 철수할 수밖에 없었습니다. 역병이 아니었으면 파르티아의 종말이 더 빨랐을 수도 있습니다. 반대쪽 유럽도 문제였습니다. 하드리아누스 장벽을 통해 게르만족의 침입을 막던 다뉴브강과 라인강 유역의 수비대도 역병으로 약화됩니다.

당시 하드리아누스 장벽 부근에서 근무하던 병사들은 주변에 경작지를 할당받아 수입을 올립니다. 그래서 주둔군은 거의 자급자족을 하죠. 또 병사들은 30년 동안 근무하면 토지를 불하받아 정착하는 경우가 많았습니다. 그러면서 군 주둔지 부근이 로마화(romanization)되었습니다. 이 토지를 일부는 직접 경작하고, 현지 주민에게 소작을 주어 관리했죠. 그런데 역병이 돌면서 군인 수도 줄었고, 토지를 경작할 사람도 줄었습니다. 이에 따라 군대의 자급자족도 힘들어지고, 주둔 지역 부근 경제도 악화됩니다. 이를 틈타 강 너머의 게르만족이 침입하기 시작하죠. 이를 마르코만니 전쟁이라 하는데, 그 기간이 딱 역병이 유행하던 166년에서 180년이었습니다.

물론 로마제국의 쇠퇴는 단일 원인으로 설명할 수 없는 복합적인 현상입니다. 안토닌 역병만이 그 주범이라고 단정할 수는 없습니다. 제국의 몰락을 앞당긴 더 근본적인 사회경제적 문제들이 존재했습니다. 예컨대 3세기에 접어들면서 심화된 통화 가치의 하락과 초인플레이션, 과도한 조세 부담으로 인한 중산층의 몰락, 그리고 도시 중심 경제에서 자급자족적 지방 영지 경제로의 이행 등이 있습니다. 또한 제국 자체의 구조적 한계도 있었죠. 광대한 영토를 효율적으로 통치할 수 있는 행정 체계의 부재, 군사력에 의존한 황제 승계 시스템의 불안정성, 그리고 5현제 이후 계속된 정치적 불안정은 제국의 기반을 서서히 약화시켰습니다. 여기에 라인강과 다뉴브강 너머에서 힘을 키워온 게르만족들의 압박, 동방에서는 파르티아를 이은 사산조 페르시아의 위협이 더해졌죠.

하지만 역병은 이러한 구조적 약점들을 일거에 표면화시킨 촉매제 역할을 했습니다. 제국의 인구 감소는 세금 징수와 군대 충원에 직접적인 타격을 주었고, 도시 경제의 붕괴를 가속화했습니다. 특히 역병이 가장 심했던 국경 지대의 군사력 약화는 외부 침입에 대한 방어선을 무너뜨렸습니다. 더불어 역병의 창궐은 전통적인 로마 신앙에 대한 불신을 키우며, 새로운 구원 종교인 기독교의 확산을 간접적으로 도왔습니다. 이처럼 안토닌 역병은 로마제국의 다양한 취약점들이 동시에 폭발하는 결정적 계기를 제공했으며, 이후 '3세기의 위기Crisis of the Third Century'로 이어지는 중요한 전환점이 되었습니다. 팍스 로마나의 종말과 함께, 역병은 고대에서 중세로 넘어가는 문명의 대전환을 알리는 서곡이었던 셈입니다.

| 기억해야 할 어휘 |

*팍스 로마나Pax Romana
기원전 27년 아우구스투스부터 서기 180년까지 이어진 로마의 평화.
군사적 정복과 중앙집권적 통치 위에서 유지된 안정기.
→ 영어 peace, pacify(진정시키다), Pacific(평온한 바다)의 어원.

*프린켑스princeps
'제1시민'이라는 뜻. prīmus(첫 번째) + capere(쥐다) →
'가장 앞자리를 쥔 자'. 공화정에서 제정으로 넘어가는 전환을 상징.

*5현제 시대Nerva–Antonine Dynasty
네르바 → 트라야누스 → 하드리아누스 → 안토니누스 피우스 → 마르쿠스 아우렐리우스로 이어지는 황금기.
입양을 통해 황위를 계승하며 제국의 안정과 번영을 이끈 시기.

*안토닌 역병Antonine Plague
서기 165~180년, 마르쿠스 아우렐리우스 통치기에 발생한 대규모 전염병.
파르티아 원정에서 돌아온 군단을 통해 로마 전역으로 확산.
군단 전력, 세수, 경제 기반을 약화시키고 제국 쇠퇴를 가속화.

*메디스모스medismos
외세(특히 페르시아)에 동조한다는 비난.
폴리스의 정체성과 정치적 정당성을 흔드는 낙인으로 작용.

*Pax(평화)
라틴어 '평화'. 단순한 고요가 아닌 '진정시킨 상태'의 뉘앙스 포함.
→ peace, pacify, pact(조약) 등으로 계승.

| 곱씹을 문장 |

재앙이 평화를 끝내다.

Calamitas pacem finit.

코린토스가 남긴 사랑의 말

저자 미상, 〈아가페 연회(Agape Feast)〉, 서기 2세기 말-3세기 초, 로마 프리실라 카타콤바, 벽화

아가페 | 사랑

이전까지 그리스 이야기를 하면서 주로 아테네와 스파르타가 나왔습니다. 뭐 어쩔 수 없는 일이지요. 하지만 수많은 폴리스 중 꼭 살펴봐야 할 곳이 몇 곳 있습니다. 그중 첫 번째는 코린토스입니다. 제게 코린토스는 '코린토스인들에게 보낸 첫 번째 편지', 고린도전서에 나오는 "그런즉 믿음, 소망, 사랑, 이 세 가지는 항상 있을 것인데 그중의 제일은 사랑이라"는 구절이 자연스레 연상되는 곳입니다.

조금 폼을 잡자면 『고린도전서』는 코이네 그리스어로 쓰였는데 해당 구절은 "누니 데 메네이 피스티스, 엘피스, 아가페, 타 트리아 타우타· 메이존 데 투톤 헤 아가페$^{\text{νυνὶ δὲ μένει πίστις, ἐλπίς, ἀγάπη, τὰ τρία ταῦτα· μείζων δὲ τούτων ἡ ἀγάπη}}$"입니다. 사랑은 아가페, 믿음은 피스티스, 소망은 엘피스죠. 코린토스가 초기 기독교 선교의 중심이 된 이유는 동지중해의 핵심 지역인 그리스에서도 가장 무역이 활발한 상업도시 중 하나였기 때문입니다. 그래서 다양한 종교와 문화가 공존하며 새로운 종교에 비교적 개방적이었죠. 코린토스의 이런 특징에는 코린토스 지협이 큰 기여를 합니다.

펠로폰네소스반도와 본토 사이 폭 6킬로미터의 좁은 통로가 코린토스 지협입니다. 펠로폰네소스반도에선 육지로 나갈 수 있는 유일한 길이지요. 이렇듯 육지의 입장에선 연결이지만, 바다의 입장에선 분리입니다. 그리스 서쪽 아드리아해와 동쪽 에게해를 가로막는 장벽입니다. 바다에서 삶을 일구는 이들로선 차라리 반도가 섬이었으면 했겠지요. 지금도 그렇지만 옛날에도 크고 무거운 물건을 옮기는 데는 배가 가장 좋습니다. 그리스 동쪽 해안 지역과 서쪽 해안 지역이 사람과 물자를 교류하자면 험한 산악지대를 건너는 것보다는 배가 훨씬 낫습니다.

당연히 운하를 파고 싶었죠. 시도도 몇 번 있었습니다. 그러나 양쪽 바다의 해수면 높이가 상당히 차이가 났고, 지협 자체도 중간에 꽤 높은 곳이 있습니다. 해발 90미터 정도였죠. 거기다 땅이 단단한 암석으로 이루어진 것도 문제였습니다. 결국 운하가 만들어지긴 했습니다. 처음 운하를 생각했던 때보다 한참 뒤인 19세기 말이었죠. 이 지협이 아니면 배들은 펠로폰네소스반도 아래를 돌아가야 합니다. 당시 선박으론 며칠이 더 걸리는 일이죠. 대부분의 작은 배는 먼바다로 나갈 수가 없으니 육지 주변으로, 그것도 낮에만 다니는데 그중 마타판곶과 말레아곶이 악천후로 유명합니다. 거기다 해적도 불쑥불쑥 나오기도 하죠. 반면 코린트만과 사로니코스만은 파도도 높지 않고 해군 병력이 있어 안전하기도 합니다.

어떻게든 지협을 통과하고 싶어서 만든 것이 디올코스^{Δίολκος}입니다. 디올코스는 '건너서'를 의미하는 디아^{dia}와 '끌어 옮김, 운반'을 뜻하는 홀코스^{holkos}의 합성어죠. 돌로 된 포장도로인데 중간에 세로로 길게 홈을 파서 수레바퀴와 맞췄습니다. 일종의 레일이죠.

그 위에 배를 얹습니다. 지금 배라면 상상하기 힘들죠. 기중기 정도는 있었을 터이니 부두에서 배를 끌어올려 실었을 듯합니다. 그리고 양쪽에서 소나 사람이 수레를 끕니다. 반대쪽 항구에 닿으면 다시 배를 바다에 띄웁니다. 펠로폰네소스반도를 돌면 1,200km, 지협을 통과하면 6km. 답이 나오죠. 기원전 6세기부터 작동한 디올코스 시스템은 고대 그리스 나름의 물류 혁명이었습니다. 희극작가 아리스토파네스는 "코린토스 사람만큼 빠르다"고 묘사하기도 하죠.

당연히 공짜가 아닙니다. 이집트가 수에즈 운하로, 파나마가 파나마 운하로 돈을 벌 듯이 코린토스도 디올코스 통과료로 상당한 수익을 올립니다. 거기다 양쪽 바다로 오고 가는 군선도 자주 이용하기 때문에 군사적으로도 상당히 중요한 곳이죠. 또 지협 양쪽의 켄크레아이와 레케이온이라는 항구도 중요한 수입원이었습니다. 전성기의 코린토스는 그리스에서 가장 부유한 도시국가 중 하나였습니다.

돈도 많고 여러 나라 사람이 드나들다 보니 당시 코린토스는 일종의 국제도시였죠. 코린토스의 주신은 아프로디테였습니다. 아프로디테는 미의 여신이지만 항해자의 수호신 역할도 하죠. 선원들은 안전한 항해를 위해 아프로디테 신전에 들러 기도를 하고 제물을 바칩니다. 그리고 제물을 바친 것에 대한 대가로 '히에로둘로이 ἱερόδουλοι'가 종교적 의례의 서비스를 제공하는데, 사실상 성매

매라고 봐야죠. '신성한, 신에게 속한'이란 뜻의 히에로스^{hieros}와 '노예, 종'이란 의미의 둘로스^{doulos}의 합성어로 '신성한 노예'라는 의미입니다. 일반 노예보다는 나은 지위를 누렸다고 하지만, 사실 선택의 여지가 별로 없었던 경우가 많았겠지요. 선택하는 경우가 있었다 하더라도 완전히 자유로운 선택은 아니었을 듯합니다. 현대에도 많은 이들이 경제적 궁핍 때문에 '자발적으로 성매매를 선택'하는 경우가 비일비재하지요.

어찌 되었든 당시 가장 화려했던 코린토스 양식의 기둥이라든가, 검은 바탕의 붉은색 인물화 도기, 코린티안 청동 등 부를 뽐내는 모습은 코린토스의 당시 상황을 잘 보여줍니다. 그러나 이 전성기는 아테네의 부상과 함께 끝납니다. 페르시아와의 전쟁에서 승리한 아테네가 중심이 된 델로스 동맹은 동지중해를 장악하고 통제할 수 있게 됩니다. 이러자 무역의 패턴이 바뀝니다. 이전의 그리스 동부 지역과 서부 지역의 교역 중요성은 떨어지고, 소아시아·크레타·이집트·시칠리아·이탈리아 등 지중해 전반으로 무역망이 확대되죠. 코린토스 지협을 이용할 필요가 줄어듭니다.

그리고 이렇게 대양 항해가 활발해지니까 선박 크기가 커집니다. 이런 선박들은 한 번에 많은 화물을 실으니 효율성이 높아졌지만 디올코스를 통과하기엔 너무 컸죠. 그리고 배가 커지면 반도를 돌아가는 방법도 딱히 나쁘지 않았습니다. 여기에 코린토스의 도기나 청동 제품과 비슷한 품질의 제품을 다른 곳에서도 만들기 시작했죠.

그래서 아테네의 부상과 함께 코린토스의 영향력은 확연히 줄어듭니다. 코린토스 입장에선 아테네와 델로스 동맹이 엄청 미울 수밖에 없죠. 그래서 스파르타의 펠로폰네소스 동맹에 참가합니다. 사실 펠로폰네소스 전쟁의 직접적 계기가 코린토스의 아테네에 대한 도발이었죠. 전쟁은 스파르타 쪽의 승리로 끝났습니다만, 그렇다고 코린토스의 전성기가 다시 돌아오진 않습니다. 나름 노력은 하죠. 펠로폰네소스 전쟁 이후 스파르타의 패권에 대항하여 아테네·테베·아르고스가 연합하여 코린토스 전쟁을 벌입니다. 전쟁은 페르시아 왕 아르타크세르크세스 2세의 권위하에 체결된 평화 조약으로 끝납니다. 흔히 '왕의 평화', 안탈키다스 평화라고 하죠. 협정은 모든 도시국가의 자치권을 보장하지만 사실상 스파르타에 유리한 결과였죠. 그리고 페르시아의 영향력을 증대시킵니다.

그리스가 스스로 문제를 해결할 능력이 없음을 보여주었고, 동지중해의 패자에서 그저 그런 나라 중 하나가 되었다는 걸 상징하는 사건이었습니다. 이는 마케도니아가 그리스에 개입하는 하나의 이유가 되었죠.

코린토스는 이후 마케도니아와 동맹을 맺고, 마케도니아가 그리스 전체의 패권을 확인하는 동맹, 코린토스 동맹을 결성하는 곳이 됩니다. 그리고 다시 로마가 부상하면서 그리스에 개입을 하자이에 대항하는 동맹의 중심이 되었다가 철저하게 파괴됩니다. 로마제국이 그리스에서 유일하게 파괴한 곳이 코린토스죠. 100년 정도가 지난 다음에야 코린토스는 재건됩니다. 입지가 워낙 좋다 보니 재건된 뒤에도 상업적으로는 그리스에서 손꼽히는 도시가 됩니다. 그리고 처음에 이야기했던 초기 기독교의 가장 중요한 거점 중 하나가 되죠. 아프로디테의 사랑에서 아가페의 사랑으로 이어지는 약 1,000년간의 코린토스입니다.

> "누니 데 메네이 피스티스, 엘피스, 아가페, 타 트리아 타우타· 메이존 데 투톤 헤 아가페 νυνὶ δὲ μένει πίστις, ἐλπίς, ἀγάπη, τὰ τρία ταῦτα· μείζων δὲ τούτων ἡ ἀγάπη"
>
> — 그런즉 믿음, 소망, 사랑, 이 세 가지는 항상 있을 것인데 그 중의 제일은 사랑이라.

| 기억해야 할 어휘 |

*아가페^{ἀγάπη}

조건과 대가를 넘어선 선의·헌신의 사랑.

사도 바울의 『고린도전서』 13장에서 "믿음·소망·사랑 중 제일은 사랑"으로 노래한 사랑.

오늘날 기독교에서 말하는 '하느님의 사랑'을 가리킴.

*디오르코스^{Δίολκος}

'가로질러^{διά} 운반하는 도로^{ολκός}' → 코린토스 지협을 가로지르던 배 이동로.

작은 배를 수레에 올려 6km 지협을 끌어 넘김으로써 항해 거리를 크게 단축.

*코린토스^{Κόρινθος}

펠로폰네소스 반도와 본토를 잇는 교차점.

무역·군사·문화의 요지로 번성 → 도기·코린트식 기둥·코린티안 청동으로 유명.

로마에 의해 철저히 파괴되었다가 다시 재건, 초기 기독교의 거점 도시가 됨.

*아프로디테^{Ἀφροδίτη}

코린토스의 주신, 미와 사랑·항해의 여신.

그 신전에서 제의에 참여한 히에로둘로이^{ἱερόδουλοι}는 종교·사회·경제의 복합적 존재.

*히에로둘로스^{ἱερόδουλος}

'신성에 속한 자'라는 뜻.

아프로디테 신전에 봉사하던 인물들로, 제의·봉사·경제 활동이 교차하는 존재.

*메디스모스^{medismos}

외세(페르시아 등)에 동조하거나 협력한다는 비난.

코린토스가 중립을 선언했을 때 받았던 낙인.

| 곱씹을 문장 |

아프로디테에서 아가페로 천 년을 살다.

Ab Aphrodite ad Agapen mille annos vixit.

사라진 이름,
남은 언어

〈에트루리아 테라코타 두상〉, 기원전 3세기, 루브르 박물관, Wikimedia Commons

에트루리아 | 문명

장화처럼 생긴 이탈리아의 중부 지방, 약간 동쪽에 등뼈가 되는 아펜니노산맥에서 시작해 서쪽 티레니아해로 흘러드는 테베레강. 그 하류 평야 지대 중간에 몇 개의 언덕이 솟은 곳에 라틴족 정착지 로마가 형성됩니다. 기원전 7세기, 그리스가 암흑기를 끝내고 지중해 문명의 중심으로 부상하던 시기였죠. 당시 이탈리아반도는 제일 북쪽에 갈리아족 정착지가 있었고, 그 아래 중북부 지방은 에트루리아인들이 자리하고, 중간 지역은 라틴족과 오스카인, 삼니움인 등이 서로 경쟁을 하고 있었습니다. 아래쪽은 '마그나 그라에키아'라는 그리스인 식민지를 이루고 있었지요. 아펜니노산맥 동쪽에는 움브리아인이 살고 있었고요. 당시 이탈리아반도에서 가장 앞선 문명과 세력을 가진 건 북쪽 토스카나 지역의 에트루리아와 남쪽 해안의 그리스 식민지였습니다.

로마가 평야 지대에 솟은 일곱 개의 언덕을 중심으로 형성된 것은 일단 수비가 쉬운 고지대이기 때문입니다. 주변이 농사짓기에 좋은 평야라는 건 기본이고요. 라틴족은 전통적인 농경민족이니까요. 또 토스카나 지역을 중심으로 한 에트루리아족의 변경 지역이고, 삼니움인이나 오스카인들과는 거리가 있는 곳이었습니다. 에트루리아와 가깝다고는 하지만 중간에 원시림이 가로막고 있어 위험도가 낮은 땅이지요. 로마는 자연스레 가까운 에트루리아의 영향을 받습니다. 로마도 초기엔 왕정이었습니다. 몇 대에 걸쳐 왕이 자그마한 도시국가 로마를 통치하는데, 왕정의 마지막 왕들이 에트루리아계였던 것도 이런 이유였을 겁니다. 에트루리아의 우산 아래 주변 다른 도시국가의 위협을 피해 갔던 것이죠.

이 과정에서 로마는 에트루리아 문명의 다양한 면도 가져다 씁니다. 당시의 에트루리아는 로마로선 배울 것이 많았던 대상이죠. 대표적으로 '카피톨리움 세 신'으로 불리는 로마의 주신 셋, 유피테르·유노·미네르바는 에트루리아 신 체계를 그대로 받아들인 것입니다. 또 동물의 내장, 특히 간을 보고 미래를 예측하는 '하루스피키나'도 에트루리아에서 유래하죠.

로마의 자랑 중 하나인 건축 분야도 마찬가지입니다. 아치 구조도, 볼트 천장 기술도 에트루리아인들이 먼저 썼던 기술을 전수한 것이었습니다. 초기 신전 구조도 에트루리아식을 그대로 따르죠. '클로아카 막시마'라 부르는 로마의 대하수도 시스템도 에트루리아 기술자의 설계로 이루어집니다.

정치 제도도 그렇습니다. 로마인들의 권력 상징인 도끼가 묶인 막대 다발을 파스케스fasces라 하는데, 원래 에트루리아 왕의 상징이었습니다. 우리말로는 속간 혹은 권표라고 하는데 권력과 사법권, 또는 '통합을 통한 힘'을 상징하지요. 여러 나무 막대를 한데 묶은 것은 통합을 상징하고, 도끼는 생사여탈권을 표현합니다. 릭토르라 불리는 경호원이 정무관 앞에서 파스케스를 들고 행진함으로써 권위와 지위를 보여주었죠. 파스케스는 원래 에트루리아 왕의 상징인데 로마에서 도입한 것이고, 파스케스는 파시즘^{fascism}의 어원이기도 합니다. 근대 이탈리아 파시스트들이 이를 상징으로 채택하면서부터이지요. 원로원 개념도 에트루리아 통치 방식의 영향이 큽니다. 여기에 퀴리날리스, 비미날리스 같은 로마 언덕 이름도 에트루리아어에서 유래한 것이죠.

로마인 하면 떠오르는 긴 옷, 토가도 에트루리아인 의상에서 유래하고, 황금 장신구와 보석 세공 기술도 에트루리아에서 배운 겁니다. 검투사 시합도 전차 경주도 에트루리아의 장례 의식에서 유래하죠. 더구나 로마의 알파벳은 에트루리아 알파벳에서 직접 발전한 것이고, 숫자 표기법·달력 시스템도 에트루리아 것입니다. 도시의 중심에 광장, 포룸^{forum}을 배치하는 구조 또한 마찬가지입니다. 포룸은 광장이면서 공공 집회 장소이기도 한데, 원래 '바깥, 공개된 장소'를 의미하는 포리스^{foris}에서 유래했지요. 그래서 공개 재판이 이루어지는 곳이기도 하고, 또 시장^{market}을 의미하기도 합니다. 여기에서 현대 영어의 토론이나 대화를 나누는 자리를 의미하는 포럼^{forum}과 포렌식^{forensic} 등이 나왔죠.

하지만 로마가 점점 세를 키우면서 상황이 달라집니다. 이제 에트루리아라는 방패를 걷어내도 충분하겠단 생각이었지요. 로마는 왕을 내쫓고 공화정을 시작합니다. 라틴족은 원래 가족과 씨족

gens을 중심으로 한 사회 구조가 전통입니다. 아무리 왕이라도 우리의 생각처럼 전제정을 필수로 하지는 않죠. 씨족의 우두머리들과 협의를 통해 국가를 운영합니다. 에트루리아계 왕이라도 받아들였던 건 이런 이유도 포함되었을 겁니다. 그러니 왕정을 뒤엎는 것도 아주 어려운 일은 아니었습니다. 여러 우여곡절이 있지만 원로원을 중심으로 국가를 운영하죠. 여기서 원로원은 원래 씨족 대표들이 모이는 곳입니다. 즉 공화정이라고는 하지만 일종의 과두정이 혼합된 모습이죠. 물론 시간이 지나면서 로마 시민권을 가진 이들 모두가 투표권을 가지고, 투표에 의해 뽑힌 호민관이 원로원과 대립하면서 공화정의 모습이 강화됩니다. 씨족이나 가문·혈통 집단을 뜻하는 젠스gens에서 세대generation, 정중한gentle 등이 유래합니다. '젠틀'은 원래 고귀한 가문 출신을 의미하는 단어였는데 귀족적 태도와 행동으로 확장되고, 여기서 다시 부드러운·온화한·정중한 같은 뜻이 파생되었죠. '이방인gentile'의 경우도 같은 가문에 속하는 사람을 지칭하는 젠틸리스gentilis에서 유래했는데, 나중에 자기 씨족이나 민족에 속하지 않는 사람을 지칭하는 식으로 의미가 바뀌고 현재 영어에서 이방인으로 쓰이고 있지요. 혹시 유전체를 뜻하는 genome도 여기서 유래한 것인가 생각할 수 있겠지만, '게놈'은 20세기 초 독일 식물학자 한스 빈클러가 만든 신조어로 그리스어로 '출생'을 뜻하는 제노스genos와 '전체'를 뜻하는 어미 '-ome'의 합성어입니다. 다만 그리스어 제노스와 라틴어 젠스는 같은 인도유럽어 어원에서 유래했지요.

로마의 공화정은 한편으로는 에트루리아에 대한 로마 라틴족의 독립이라 볼 수 있고, 또 한편 로마가 이탈리아 중부 지방을 중심으로 영향력을 본격적으로 넓히는 과정이기도 합니다. 이때 민주정은 로마 시민을 중심으로 군대의 결속력을 강화하고, 원로원을 중심으로 정치적 안정성을 강화하는 역할을 합니다. 로마는 공화정에서 이탈리아 중부 지역의 패권을 차지함과 동시에 서서히 에트루리아 지역도 장악합니다. 로마의 역사를 보면 단 1년이라도 전쟁이 없었던 적이 거의 없습니다만 이때도 마찬가지입니다. 하지만 전쟁만으로 패권을 장악한 것은 아닙니다. 시민권을 통해 이들과의 협력도 강화합니다. 시민권은 세 가지였습니다. 먼저 로마 시민만이 가지는 완전한 로마 시민권, 라틴 동맹 도시들에 부여한 라틴권, 그리고 나머지 이탈리아반도인들 중 동맹을 맺거나 정복된 도시에 제공한 제한적 시민권이 그것입니다. 제한적 시민권은 로마법에 의한 시민으로서의 보호를 받지만 투표권과 공직 참여권은 제한됩니다. 보호를 받는 대신 세금을 내고 군복무 의무를 지니는데, 이는 로마 시민도 마찬가지였죠.

라틴권은 제한적 시민권과 유사하지만, 로마로 이주하면 완전한 시민권을 얻을 수 있는 특권이 있었죠. 자연스레 각 라틴 연맹의 지배층들이 다퉈서 로마로 이주하고 로마 시민이 되었습니다. 애초에 이걸 노린 것이기도 하고요. 물론 각 도시의 하층 시민에겐 별다른 소용이 없었습니다만. 이후 동맹국 전쟁 이후 이탈리아

반도 전역의 자유민이 모두 같은 시민권을 가지게 되죠. 당시 시민권은 라틴어로 키비타스^{civitas}라고 합니다. 시민을 뜻하는 키비스^{civis}에서 파생된 단어죠. 현대 영어의 도시^{city}, 시민^{citizen} 등이 여기서 파생되었습니다.

이렇게 공화정 로마가 세력을 키우는 동안 에트루리아는 점차 사그라듭니다. 로마와 싸우기도 하고, 항복하거나 동맹을 맺으면서 에트루리아 도시국가 간의 동맹은 사라지고 에트루리아인으로서의 정체성도 조금씩 사라집니다. 물론 같은 언어를 쓰고 문화를 공유하는 민족이 정체성을 그리 쉽게 상실하지는 않겠습니다. 그러나 '에트루리아인'이라는 정체성에 '이탈리아인', '로마 시민'으로서의 정체성이 덧씌워지면서 에트루리아인이라는 의식이 점점 희미해지는 건 어쩔 수가 없지요. 더구나 로마가 성장하면서 그 문화적 영향이 오히려 에트루리아인에게 침습하면서 이 과정은 점점 더 빨라집니다. 결국 로마제국 시대를 지나고 중세를 거치면서 '에트루리아'란 일종의 역사가 되고 말았습니다. 하지만 역사는 로마의 건국과 성장 과정에서 에트루리아인의 역할을 여전히 기억하고 있습니다.

| 기억해야 할 어휘 |

*에트루리아^{Etruria}
이탈리아 중북부의 고대 문명.
풍부한 금속 자원·세련된 장례문화·정교한 공학 기술을 바탕으로 도시국가 연맹을 형성.
로마 왕정 후기 로마에 강한 영향을 미침.

*하루스피키나^{haruspicina}
에트루리아에서 전해진 제의 해석 기술.
동물의 내장, 특히 간으로 길흉을 점치는 의식.

*파스케스^{fasces}
도끼가 묶인 막대다발. 에트루리아 왕권의 상징.
→ 로마에서 정무관의 권위 상징으로 사용, fascism(파시즘)의 어원.

*클로아카 막시마$^{Cloaca\ Maxima}$
세계에서 가장 오래된 대하수도 중 하나.
에트루리아 기술자들의 설계로 로마 도심 배수를 가능케 함.

*포룸^{forum}
라틴어 foris('바깥')에서 유래.
광장·시장·공적 토론공간. 로마의 공화정 문화와 정치 생활의 중심.

*civitas (시비타스)
라틴어 '시민권, 공동체'.
정복지에 단계별로 부여 → 로마 군대 결속·동맹 유지의 핵심 수단.
→ city, citizen의 어원.

*gens (겐스)
씨족·혈통을 뜻하는 라틴어.
→ generation(세대), gentle(품위 있는)의 어원.
로마 사회의 정치·종교적 기본 단위.

| 곱씹을 문장 |

로마의 성장과 함께 번영은 끝난다.

Cum Roma crescit, prosperitas finitur.

글을 마치며
언어의 제국
Imperium Linguarum

현대 서양에서 사용하는 수많은 단어는 수천 년을 넘어 그리스와 로마에서 건너왔습니다.

'민주주의'를 의미하는 데모크라시^{democracy}는 그리스어 '데모스$^{δῆμος, 시민}$'와 '크라토스$^{κράτος, 권력}$'의 합성어에서 비롯되었고, '공화국'을 뜻하는 리퍼블릭^{republic}은 라틴어 '레스 푸블리카$^{\text{res publica, 공적인 것}}$'에서 유래했습니다. 물리학, 생물학, 철학처럼 '-학'으로 끝나는 학문 이름들은 대부분 그리스어 '로고스^{λόγος}'가 변형된 접미사 '-logy'를 포함합니다.

이 과정에서 고대인의 세계관과 사고방식, 역사와 문화도 같이 건너왔습니다. 흔히 쓰는 멘토, 멘토링은 호메로스의 서사시『오디세이아』에 등장하는 현자 멘토르^{Μέντωρ}의 이름에서 유래했습니다. 원자^{atom}은 2,400년 전 데모크리토스가 세계의 기본단위에 대해 고민했던 흔적이죠. 플라톤의 '이데아^{ἰδέα}'가 현대 영어의 '아이디어^{idea}'로, 아리스토텔레스의 '에티카^{ἠθικά}'가 '윤리학^{ethics}'으로 변형되어 서양인의 사고의 틀로서 여전히 작용하고 있습니다. 그런 의미에서 단어라는 렌즈를 통해 고대 그리스와 로마를 보는 것은 현대의 유럽과 미국에 대한 이해를 높일 방법일 것입니다. 물론 그 이전에 고대 그리스와 로마 자체에 대해 차근차근 살펴보는 것 자체도 흥미로운 일이고요.

그리스와 로마의 삶과 어휘를 살펴보면, 서양의 고대인들이 세계를 어떻게 바라보고, 무엇을 중요시했으며, 어떤 가치를 추구했는지 엿볼 수 있습니다. 그들의 언어 유산은 오늘날까지 서양 문명의 사고방식을 형성하는 근간이 되고 있습니다.

서양과 동양 문화가 공존하는 현대의 동아시아, 현대의 대한민국에 사는 우리는 두 문화의 충돌을 스스로의 삶으로 체험하고 있지요. 그런 의미에서 언어를 통해 서양 문화의 시원을 바라보는 것도 우리의 정체성을 세우는 나름의 도움이 될 수 있지 않을까 생각합니다.